1주 분수 나타내기

❶ 2는 7의 $\frac{\square}{\square}$ 입니다.

❷ 5는 7의 $\frac{\square}{\square}$ 입니다.

❸ 3은 6의 $\frac{\square}{\square}$ 입니다.

❹ 4는 6의 $\frac{\square}{\square}$ 입니다.

❺ 4는 5의 $\frac{\square}{\square}$ 입니다.

❻ 3은 5의 $\frac{\square}{\square}$ 입니다.

❼ 1은 8의 $\frac{\square}{\square}$ 입니다.

❽ 2는 8의 $\frac{\square}{\square}$ 입니다.

❾ 1은 3의 $\frac{\square}{\square}$ 입니다.

❿ 2는 3의 $\frac{\square}{\square}$ 입니다.

⓫ 2는 4의 $\frac{\square}{\square}$ 입니다.

⓬ 3은 4 [illegible]

⓭ 7은 9의 $\frac{\square}{\square}$ 입니다.

⓮ 4는 9의 $\frac{\square}{\square}$ 입니다.

자르는 선

월 일

⑮

4는 10의 $\frac{\square}{5}$ 입니다.

6은 10의 $\frac{\square}{5}$ 입니다.

8은 10의 $\frac{\square}{5}$ 입니다.

⑯

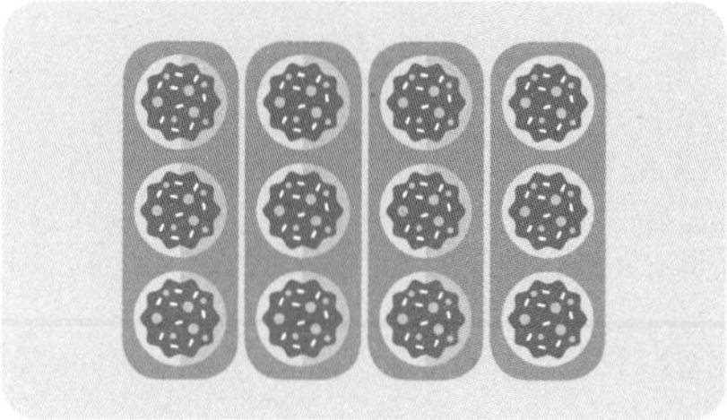

3은 12의 $\frac{\square}{4}$ 입니다.

6은 12의 $\frac{\square}{4}$ 입니다.

9는 12의 $\frac{\square}{4}$ 입니다.

⑰

3은 15의 $\frac{\square}{5}$ 입니다.

9는 15의 $\frac{\square}{5}$ 입니다.

12는 15의 $\frac{\square}{5}$ 입니다.

⑱

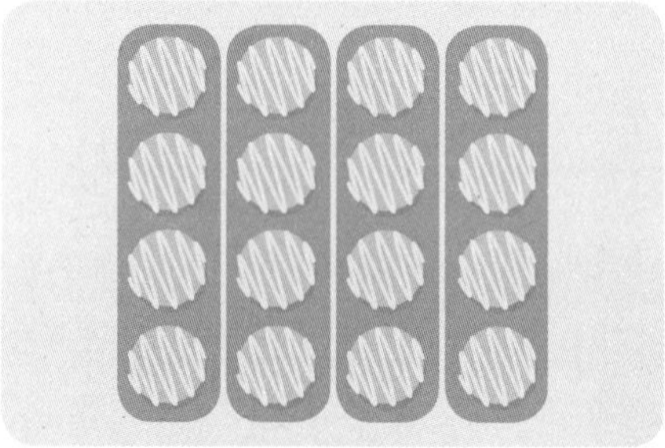

4는 16의 $\frac{\square}{4}$ 입니다.

8은 16의 $\frac{\square}{4}$ 입니다.

12는 16의 $\frac{\square}{4}$ 입니다.

자르는 선

2주 전체와 분수

❶

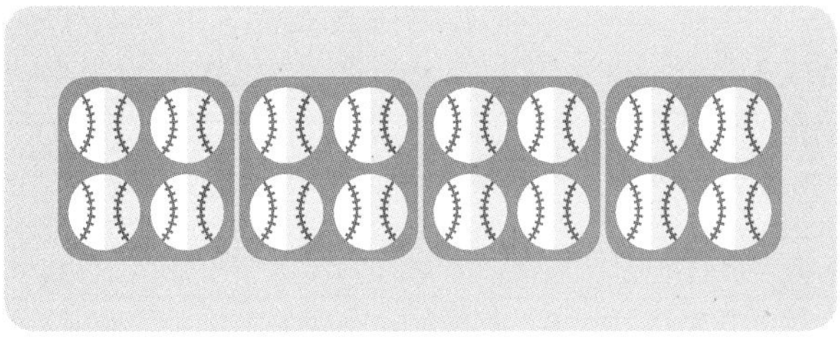

16의 $\frac{1}{4}$은 ☐ 입니다.

16의 $\frac{2}{4}$는 ☐ 입니다.

16의 $\frac{3}{4}$은 ☐ 입니다.

❷

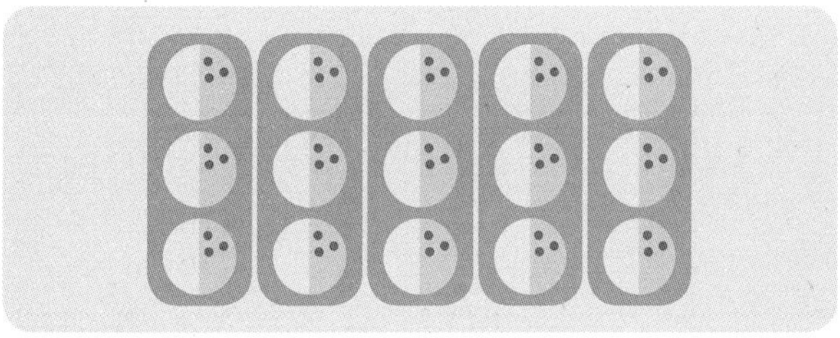

15의 $\frac{1}{5}$은 ☐ 입니다.

15의 $\frac{2}{5}$는 ☐ 입니다.

15의 $\frac{3}{5}$은 ☐ 입니다.

❸

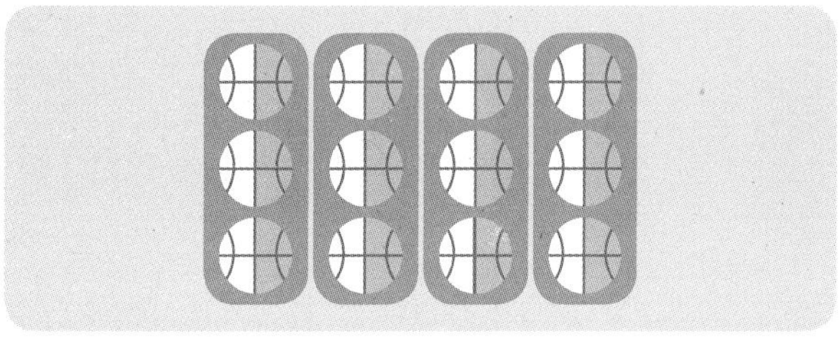

12의 $\frac{1}{4}$은 ☐ 입니다.

12의 $\frac{2}{4}$는 ☐ 입니다.

12의 $\frac{3}{4}$은 ☐ 입니다.

❹

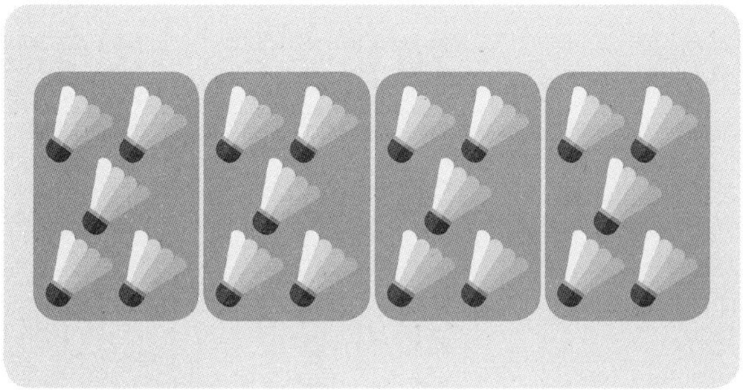

20의 $\frac{1}{4}$은 ☐ 입니다.

20의 $\frac{2}{4}$는 ☐ 입니다.

20의 $\frac{3}{4}$은 ☐ 입니다.

자르는 선

❺

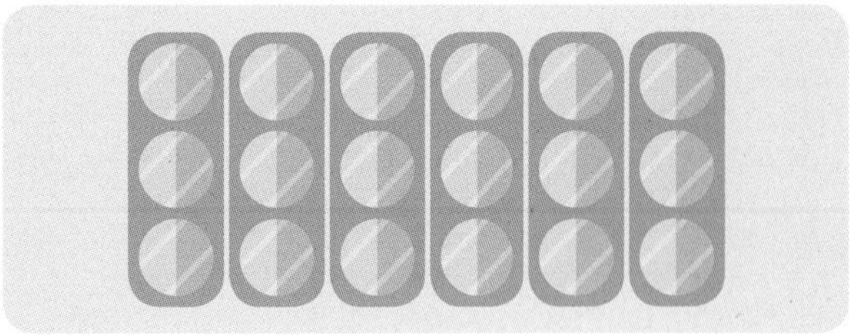

18의 $\frac{1}{6}$은 □ 입니다.

18의 $\frac{2}{6}$는 □ 입니다.

18의 $\frac{3}{6}$은 □ 입니다.

❻

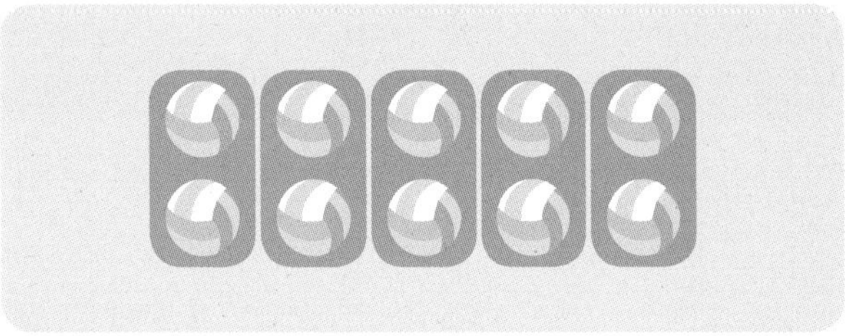

10의 $\frac{1}{5}$은 □ 입니다.

10의 $\frac{2}{5}$는 □ 입니다.

10의 $\frac{3}{5}$은 □ 입니다.

❼

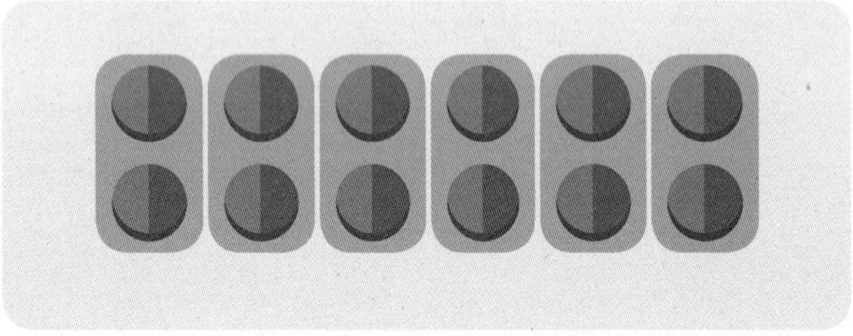

12의 $\frac{1}{6}$은 □ 입니다.

12의 $\frac{2}{6}$는 □ 입니다.

12의 $\frac{3}{6}$은 □ 입니다.

❽

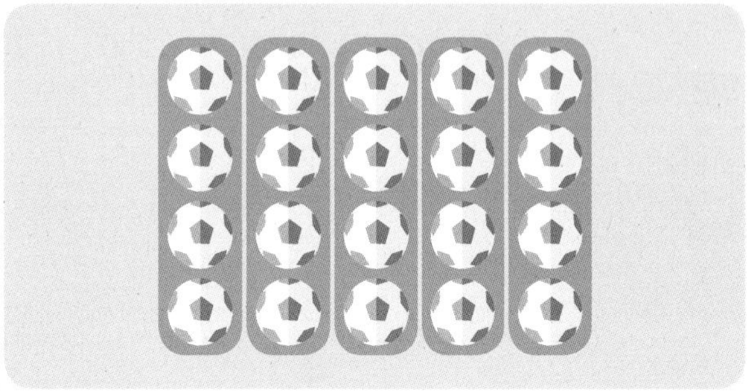

20의 $\frac{1}{5}$은 □ 입니다.

20의 $\frac{2}{5}$는 □ 입니다.

20의 $\frac{3}{5}$은 □ 입니다.

자르는 선

3주 수직선과 분수

❶ 0, $\frac{1}{6}$, $\frac{2}{6}$, $\frac{□}{□}$, $\frac{4}{6}$, $\frac{5}{6}$, 1

❷ 0, $\frac{1}{4}$, $\frac{□}{□}$, $\frac{3}{4}$, 1

❸ 0, $\frac{□}{□}$, $\frac{2}{3}$, 1

❹ 0, $\frac{1}{5}$, $\frac{2}{5}$, $\frac{3}{5}$, $\frac{□}{□}$, 1

❺ 0, $\frac{1}{7}$, $\frac{□}{□}$, $\frac{3}{7}$, $\frac{4}{7}$, $\frac{5}{7}$, $\frac{6}{7}$, 1

❻ 0, $\frac{1}{6}$, $\frac{2}{6}$, $\frac{3}{6}$, $\frac{4}{6}$, $\frac{□}{□}$, 1

❼ 0, $\frac{□}{□}$, $\frac{2}{5}$, $\frac{3}{5}$, $\frac{4}{5}$, 1

❽ 0, $\frac{1}{7}$, $\frac{2}{7}$, $\frac{3}{7}$, $\frac{4}{7}$, $\frac{□}{□}$, $\frac{6}{7}$, 1

❾ 0, $\frac{1}{4}$, $\frac{2}{4}$, $\frac{□}{□}$, 1

❿ 0, $\frac{1}{8}$, $\frac{2}{8}$, $\frac{□}{□}$, $\frac{4}{8}$, $\frac{5}{8}$, $\frac{6}{8}$, $\frac{7}{8}$, 1

자르는 선

월 일

⓫

$0 \quad \frac{1}{6} \quad \frac{2}{6} \quad \frac{3}{6} \quad \frac{4}{6} \quad \frac{\square}{\square} \quad 1 \quad \frac{7}{6} \quad \frac{8}{6} \quad \frac{\square}{\square} \quad \frac{10}{6} \quad \frac{11}{6} \quad 2$

⓬

$0 \quad \frac{1}{4} \quad \frac{2}{4} \quad \frac{\square}{\square} \quad 1 \quad \frac{\square}{\square} \quad \frac{6}{4} \quad \frac{\square}{\square} \quad 2$

⓭

$0 \quad \frac{\square}{\square} \quad \frac{2}{5} \quad \frac{3}{5} \quad \frac{\square}{\square} \quad 1 \quad \frac{6}{5} \quad \frac{7}{5} \quad \frac{8}{5} \quad \frac{\square}{\square} \quad 2$

⓮

$0 \quad \frac{1}{3} \quad \frac{\square}{\square} \quad 1 \quad \frac{\square}{\square} \quad \frac{\square}{\square} \quad 2$

⓯

$0 \quad \frac{1}{7} \quad \frac{2}{7} \quad \frac{\square}{\square} \quad \frac{4}{7} \quad \frac{\square}{\square} \quad \frac{6}{7} \quad 1 \quad \frac{\square}{\square} \quad \frac{9}{7} \quad \frac{10}{7} \quad \frac{11}{7} \quad \frac{12}{7} \quad \frac{13}{7} \quad 2$

자르는 선

4주 분수의 종류

❶

$\frac{2}{7}$	진분수
$1\frac{3}{7}$	가분수
$\frac{10}{3}$	대분수

❷

$\frac{5}{8}$	가분수
$1\frac{3}{5}$	진분수
$\frac{9}{4}$	대분수

❸

$2\frac{1}{3}$	대분수
$\frac{4}{3}$	진분수
$\frac{3}{5}$	가분수

❹

$\frac{3}{9}$	가분수
$\frac{10}{8}$	대분수
$1\frac{2}{3}$	진분수

❺

$\frac{7}{6}$	진분수
$1\frac{3}{4}$	가분수
$\frac{3}{4}$	대분수

❻

$\frac{5}{9}$	진분수
$1\frac{3}{8}$	대분수
$\frac{8}{3}$	가분수

자르는 선

월 일

❼
$\frac{2}{9}$ 진분수
$\frac{8}{3}$ 가분수
$1\frac{1}{4}$ 대분수

❽
$1\frac{1}{2}$
$\frac{3}{2}$
$\frac{2}{3}$

❾
$\frac{2}{7}$
$\frac{7}{2}$
$1\frac{2}{7}$

❿
$\frac{9}{8}$
$\frac{2}{7}$
$1\frac{2}{3}$

⓫
$\frac{4}{9}$
$1\frac{4}{9}$
$\frac{13}{9}$

⓬
$2\frac{1}{3}$
$\frac{10}{3}$
$\frac{4}{5}$

⓭
$\frac{3}{10}$
$\frac{8}{7}$
$3\frac{2}{3}$

⓮
$\frac{10}{9}$
$2\frac{4}{7}$
$\frac{4}{12}$

⓯
$\frac{3}{7}$
$1\frac{5}{6}$
$\frac{9}{5}$

자르는 선

5주

분수 덧셈

❶ $\frac{1}{5}+\frac{2}{5}=\frac{\boxed{1}+\boxed{2}}{5}$

$=\frac{\boxed{3}}{5}$

❷ $\frac{2}{7}+\frac{2}{7}=\frac{\square+\square}{7}$

$=\frac{\square}{7}$

❸ $\frac{3}{6}+\frac{2}{6}=\frac{\square+\square}{6}$

$=\frac{\square}{6}$

❹ $\frac{1}{4}+\frac{2}{4}=\frac{\square+\square}{4}$

$=\frac{\square}{4}$

❺ $\frac{2}{5}+\frac{2}{5}=\frac{\square+\square}{5}$

$=\frac{\square}{5}$

❻ $\frac{3}{7}+\frac{1}{7}=\frac{\square+\square}{7}$

$=\frac{\square}{7}$

❼ $\frac{3}{8}+\frac{1}{8}=\frac{\square+\square}{8}$

$=\frac{\square}{8}$

❽ $\frac{2}{9}+\frac{2}{9}=\frac{\square+\square}{9}$

$=\frac{\square}{9}$

자르는 선

월 일

⑨ $\frac{3}{8}+\frac{2}{8}=\frac{\square}{8}$

⑩ $\frac{2}{7}+\frac{2}{7}=\frac{\square}{7}$

⑪ $\frac{3}{9}+\frac{1}{9}=\frac{\square}{9}$

⑫ $\frac{1}{6}+\frac{1}{6}=\frac{\square}{6}$

⑬ $\frac{1}{4}+\frac{1}{4}=\frac{\square}{4}$

⑭ $\frac{2}{5}+\frac{1}{5}=\frac{\square}{5}$

⑮ $\frac{3}{7}+\frac{2}{7}=\frac{\square}{7}$

⑯ $\frac{1}{8}+\frac{2}{8}=\frac{\square}{8}$

⑰ $\frac{1}{3}+\frac{1}{3}=\frac{\square}{3}$

⑱ $\frac{1}{7}+\frac{5}{7}=\frac{\square}{7}$

⑲ $\frac{2}{9}+\frac{3}{9}=\frac{\square}{9}$

⑳ $\frac{6}{8}+\frac{1}{8}=\frac{\square}{8}$

㉑ $\frac{3}{5}+\frac{1}{5}=\frac{\square}{5}$

㉒ $\frac{4}{8}+\frac{2}{8}=\frac{\square}{8}$

㉓ $\frac{3}{9}+\frac{3}{9}=\frac{\square}{9}$

㉔ $\frac{2}{7}+\frac{2}{7}=\frac{\square}{7}$

㉕ $\frac{3}{8}+\frac{4}{8}=\frac{\square}{8}$

㉖ $\frac{4}{9}+\frac{3}{9}=\frac{\square}{9}$

자르는 선

6주 분수 뺄셈

❶ $\frac{2}{3}-\frac{1}{3}=\frac{2-1}{3}$

$=\frac{1}{3}$

❷ $\frac{4}{5}-\frac{1}{5}=\frac{\square-\square}{5}$

$=\frac{\square}{5}$

❸ $\frac{6}{7}-\frac{4}{7}=\frac{\square-\square}{7}$

$=\frac{\square}{7}$

❹ $\frac{7}{8}-\frac{2}{8}=\frac{\square-\square}{8}$

$=\frac{\square}{8}$

❺ $\frac{5}{6}-\frac{3}{6}=\frac{\square-\square}{6}$

$=\frac{\square}{6}$

❻ $\frac{5}{9}-\frac{4}{9}=\frac{\square-\square}{9}$

$=\frac{\square}{9}$

❼ $\frac{3}{5}-\frac{1}{5}=\frac{\square-\square}{5}$

$=\frac{\square}{5}$

❽ $\frac{5}{7}-\frac{1}{7}=\frac{\square-\square}{7}$

$=\frac{\square}{7}$

자르는 선

월 일

⑨ $\frac{3}{4}-\frac{1}{4}=\frac{\square}{4}$

⑩ $\frac{4}{5}-\frac{3}{5}=\frac{\square}{5}$

⑪ $\frac{5}{6}-\frac{4}{6}=\frac{\square}{6}$

⑫ $\frac{5}{6}-\frac{2}{6}=\frac{\square}{6}$

⑬ $\frac{7}{8}-\frac{1}{8}=\frac{\square}{8}$

⑭ $\frac{5}{8}-\frac{2}{8}=\frac{\square}{8}$

⑮ $\frac{6}{7}-\frac{5}{7}=\frac{\square}{7}$

⑯ $\frac{3}{4}-\frac{2}{4}=\frac{\square}{4}$

⑰ $\frac{4}{6}-\frac{3}{6}=\frac{\square}{6}$

⑱ $\frac{4}{6}-\frac{1}{6}=\frac{\square}{6}$

⑲ $\frac{4}{5}-\frac{2}{5}=\frac{\square}{5}$

⑳ $\frac{5}{7}-\frac{2}{7}=\frac{\square}{7}$

㉑ $\frac{3}{5}-\frac{2}{5}=\frac{\square}{5}$

㉒ $\frac{6}{8}-\frac{3}{8}=\frac{\square}{8}$

㉓ $\frac{5}{6}-\frac{1}{6}=\frac{\square}{6}$

㉔ $\frac{8}{9}-\frac{2}{9}=\frac{\square}{9}$

㉕ $\frac{4}{9}-\frac{1}{9}=\frac{\square}{9}$

㉖ $\frac{6}{7}-\frac{3}{7}=\frac{\square}{7}$

자르는 선

7주 가분수 대분수

❶ $1\frac{2}{5}=\frac{\boxed{5}}{5}+\frac{2}{5}=\frac{\boxed{7}}{5}$

❷ $1\frac{2}{3}=\frac{\square}{3}+\frac{2}{3}=\frac{\square}{3}$

❸ $2\frac{1}{3}=\frac{\square}{3}+\frac{1}{3}=\frac{\square}{3}$

❹ $2\frac{1}{4}=\frac{\square}{4}+\frac{1}{4}=\frac{\square}{4}$

❺ $1\frac{3}{5}=\frac{\square}{5}+\frac{3}{5}=\frac{\square}{5}$

❻ $2\frac{1}{2}=\frac{\square}{2}+\frac{1}{2}=\frac{\square}{2}$

❼ $3\frac{1}{2}=\frac{\square}{2}+\frac{1}{2}=\frac{\square}{2}$

❽ $2\frac{2}{3}=\frac{\square}{3}+\frac{2}{3}=\frac{\square}{3}$

❾ $1\frac{2}{5}=\frac{\square}{5}+\frac{2}{5}=\frac{\square}{5}$

❿ $4\frac{1}{2}=\frac{\square}{2}+\frac{1}{2}=\frac{\square}{2}$

⓫ $1\frac{1}{3}=\frac{\square}{3}+\frac{1}{3}=\frac{\square}{3}$

⓬ $1\frac{4}{5}=\frac{\square}{5}+\frac{4}{5}=\frac{\square}{5}$

⓭ $2\frac{1}{2}=\frac{\square}{2}+\frac{1}{2}=\frac{\square}{2}$

⓮ $1\frac{2}{4}=\frac{\square}{4}+\frac{2}{4}=\frac{\square}{4}$

자르는 선

월 일

⑮ $\frac{7}{4}=\frac{4}{4}+\frac{\square}{4}=\square\frac{\square}{4}$

⑯ $\frac{8}{5}=\frac{5}{5}+\frac{\square}{5}=\square\frac{\square}{5}$

⑰ $\frac{6}{4}=\frac{4}{4}+\frac{\square}{4}=\square\frac{\square}{4}$

⑱ $\frac{4}{3}=\frac{3}{3}+\frac{\square}{3}=\square\frac{\square}{3}$

⑲ $\frac{7}{3}=\frac{6}{3}+\frac{\square}{3}=\square\frac{\square}{3}$

⑳ $\frac{7}{5}=\frac{5}{5}+\frac{\square}{5}=\square\frac{\square}{5}$

㉑ $\frac{7}{6}=\frac{6}{6}+\frac{\square}{6}=\square\frac{\square}{6}$

㉒ $\frac{5}{2}=\frac{4}{2}+\frac{\square}{2}=\square\frac{\square}{2}$

㉓ $\frac{5}{3}=\frac{3}{3}+\frac{\square}{3}=\square\frac{\square}{3}$

㉔ $\frac{7}{4}=\frac{4}{4}+\frac{\square}{4}=\square\frac{\square}{4}$

㉕ $\frac{9}{2}=\frac{8}{2}+\frac{\square}{2}=\square\frac{\square}{2}$

㉖ $\frac{8}{3}=\frac{6}{3}+\frac{\square}{3}=\square\frac{\square}{3}$

㉗ $\frac{6}{5}=\frac{5}{5}+\frac{\square}{5}=\square\frac{\square}{5}$

㉘ $\frac{9}{4}=\frac{8}{4}+\frac{\square}{4}=\square\frac{\square}{4}$

자르는 선

8주 분수의 크기 비교

❶ $\frac{2}{3}$ (<) $\frac{4}{3}$　❷ $\frac{5}{7}$ ◯ $\frac{2}{7}$　❸ $\frac{9}{6}$ ◯ $\frac{3}{6}$

❹ $\frac{11}{8}$ ◯ $\frac{9}{8}$　❺ $\frac{3}{9}$ ◯ $\frac{7}{9}$　❻ $\frac{11}{2}$ ◯ $\frac{9}{2}$

❼ $\frac{6}{3}$ ◯ $\frac{7}{3}$　❽ $\frac{8}{7}$ ◯ $\frac{4}{7}$　❾ $\frac{3}{8}$ ◯ $\frac{1}{8}$

❿ $\frac{9}{4}$ ◯ $1\frac{1}{4}$　⓫ $\frac{9}{8}$ ◯ $1\frac{3}{8}$　⓬ $\frac{4}{9}$ ◯ $1\frac{1}{9}$

⓭ $\frac{9}{6}$ ◯ $1\frac{2}{6}$　⓮ $\frac{8}{5}$ ◯ $1\frac{2}{5}$　⓯ $\frac{8}{3}$ ◯ $2\frac{1}{3}$

⓰ $\frac{7}{2}$ ◯ $2\frac{1}{2}$　⓱ $\frac{7}{5}$ ◯ $1\frac{3}{5}$　⓲ $\frac{7}{4}$ ◯ $1\frac{2}{4}$

⓳ $\frac{8}{3}$ ◯ $3\frac{1}{3}$　⓴ $\frac{6}{4}$ ◯ $1\frac{2}{4}$　㉑ $\frac{9}{6}$ ◯ $1\frac{5}{6}$

자르는 선

8주 분수의 크기 비교

월 일

㉒ $2\frac{2}{4}$ ○ $2\frac{1}{4}$

㉓ $3\frac{6}{7}$ ○ $3\frac{5}{7}$

㉔ $5\frac{3}{8}$ ○ $5\frac{4}{8}$

㉕ $5\frac{2}{3}$ ○ $1\frac{1}{3}$

㉖ $7\frac{2}{4}$ ○ $8\frac{3}{4}$

㉗ $4\frac{4}{5}$ ○ $3\frac{2}{5}$

㉘ $4\frac{3}{5}$ ○ $6\frac{1}{5}$

㉙ $3\frac{7}{8}$ ○ $4\frac{2}{8}$

㉚ $6\frac{3}{6}$ ○ $5\frac{2}{6}$

㉛ $1\frac{1}{7}$ ○ $\frac{9}{7}$

㉜ $4\frac{1}{2}$ ○ $\frac{5}{2}$

㉝ $1\frac{3}{4}$ ○ $\frac{9}{4}$

㉞ $2\frac{2}{3}$ ○ $\frac{7}{3}$

㉟ $3\frac{1}{3}$ ○ $\frac{8}{3}$

㊱ $2\frac{1}{4}$ ○ $\frac{8}{4}$

㊲ $1\frac{4}{6}$ ○ $\frac{9}{6}$

㊳ $1\frac{1}{7}$ ○ $\frac{9}{7}$

㊴ $1\frac{3}{5}$ ○ $\frac{9}{5}$

㊵ $3\frac{1}{2}$ ○ $\frac{8}{2}$

㊶ $2\frac{3}{5}$ ○ $\frac{12}{5}$

㊷ $4\frac{3}{4}$ ○ $\frac{18}{4}$

자르는 선

정 답

1주 분수 나타내기

1~2쪽

❶ $\frac{2}{7}$ ❷ $\frac{5}{7}$ ❸ $\frac{3}{6}$ ❹ $\frac{4}{6}$ ❺ $\frac{4}{5}$ ❻ $\frac{3}{5}$ ❼ $\frac{1}{8}$ ❽ $\frac{2}{8}$ ❾ $\frac{1}{3}$ ❿ $\frac{2}{3}$ ⓫ $\frac{2}{4}$ ⓬ $\frac{3}{4}$
⓭ $\frac{7}{9}$ ⓮ $\frac{4}{9}$ ⓯ 2, 3, 4 ⓰ 1, 2, 3 ⓱ 1, 3, 4 ⓲ 1, 2, 3

2주 전체와 분수

3~4쪽

❶ 4, 8, 12 ❷ 3, 6, 9 ❸ 3, 6, 9 ❹ 5, 10, 15 ❺ 3, 6, 9 ❻ 2, 4, 6
❼ 2, 4, 6 ❽ 4, 8, 12

3주 수직선과 분수

5~6쪽

❶ $\frac{3}{6}$ ❷ $\frac{2}{4}$ ❸ $\frac{1}{3}$ ❹ $\frac{4}{5}$ ❺ $\frac{2}{7}$ ❻ $\frac{5}{6}$ ❼ $\frac{1}{5}$ ❽ $\frac{5}{7}$ ❾ $\frac{3}{4}$ ❿ $\frac{3}{8}$ ⓫ $\frac{5}{6}$, $\frac{9}{6}$
⓬ $\frac{3}{4}$, $\frac{5}{4}$, $\frac{7}{4}$ ⓭ $\frac{1}{5}$, $\frac{4}{5}$, $\frac{9}{5}$ ⓮ $\frac{2}{3}$, $\frac{4}{3}$, $\frac{5}{3}$ ⓯ $\frac{3}{7}$, $\frac{5}{7}$, $\frac{8}{7}$

4주 분수의 종류

7~8쪽

❼ 진분수, 가분수, 대분수 ❽ 대분수, 가분수, 진분수 ❾ 진분수, 가분수, 대분수 ❿ 가분수, 진분수, 대분수
⓫ 진분수, 대분수, 가분수 ⓬ 대분수, 가분수, 진분수 ⓭ 진분수, 가분수, 대분수 ⓮ 가분수, 대분수, 진분수
⓯ 진분수, 대분수, 가분수

5주 분수 덧셈

9~10쪽

❶ 1, 2, 3 ❷ 2, 2, 4 ❸ 3, 2, 5 ❹ 1, 2, 3 ❺ 2, 2, 4 ❻ 3, 1, 4
❼ 3, 1, 4 ❽ 2, 2, 4 ❾ 5 ❿ 4 ⓫ 4 ⓬ 2 ⓭ 2 ⓮ 3 ⓯ 5 ⓰ 3
⓱ 2 ⓲ 6 ⓳ 5 ⓴ 7 ㉑ 4 ㉒ 6 ㉓ 6 ㉔ 4 ㉕ 7 ㉖ 7

6주 분수 뺄셈

11~12쪽

❶ 2, 1, 1 ❷ 4, 1, 3 ❸ 6, 4, 2 ❹ 7, 2, 5 ❺ 5, 3, 2 ❻ 5, 4, 1
❼ 3, 1, 2 ❽ 5, 1, 4 ❾ 2 ❿ 1 ⓫ 1 ⓬ 3 ⓭ 6 ⓮ 3 ⓯ 1 ⓰ 1
⓱ 1 ⓲ 3 ⓳ 2 ⓴ 3 ㉑ 1 ㉒ 3 ㉓ 4 ㉔ 6 ㉕ 3 ㉖ 3

7주 가분수 대분수

13~14쪽

❶ 5, 7 ❷ 3, 5 ❸ 6, 7 ❹ 8, 9 ❺ 5, 8 ❻ 4, 5 ❼ 6, 7 ❽ 6, 8 ❾ 5, 7 ❿ 8, 9 ⓫ 3, 4 ⓬ 5, 9
⓭ 4, 5 ⓮ 4, 6 ⓯ 3, 1, 3 ⓰ 3, 1, 3 ⓱ 2, 1, 2 ⓲ 1, 1, 1 ⓳ 1, 2, 1
⓴ 2, 1, 2 ㉑ 1, 1, 1 ㉒ 1, 2, 1 ㉓ 2, 1, 2 ㉔ 3, 1, 3 ㉕ 1, 4, 1
㉖ 2, 2, 2 ㉗ 1, 1, 1 ㉘ 1, 2, 1

8주 분수의 크기 비교

15~16쪽

❶ < ❷ > ❸ > ❹ > ❺ < ❻ > ❼ < ❽ > ❾ > ❿ > ⓫ < ⓬ <
⓭ > ⓮ > ⓯ > ⓰ > ⓱ < ⓲ > ⓳ < ⓴ = ㉑ < ㉒ > ㉓ > ㉔ <
㉕ > ㉖ < ㉗ > ㉘ < ㉙ < ㉚ > ㉛ < ㉜ > ㉝ < ㉞ > ㉟ > ㊱ >
㊲ > ㊳ < ㊴ < ㊵ < ㊶ > ㊷ >

사고셈

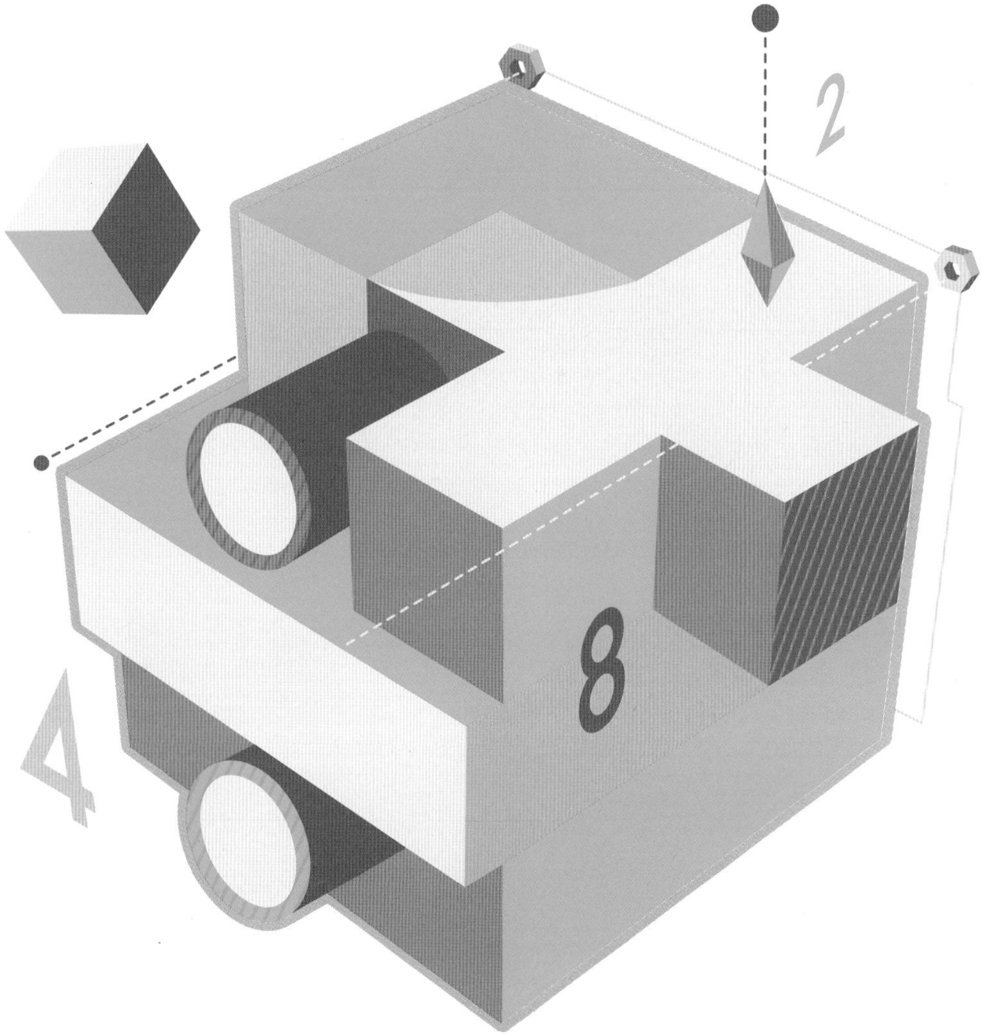

초등3 4호

이 책의 **구성과 특징**

생각의 힘을 키우는 사고(思考)셈은 1주 4개, 8주 32개의 사고력 유형 학습을 통해 수와 연산에 대한 개념의 응용력(추론 및 문제해결능력)을 키울 수 있도록 하였습니다.

사고력 연산

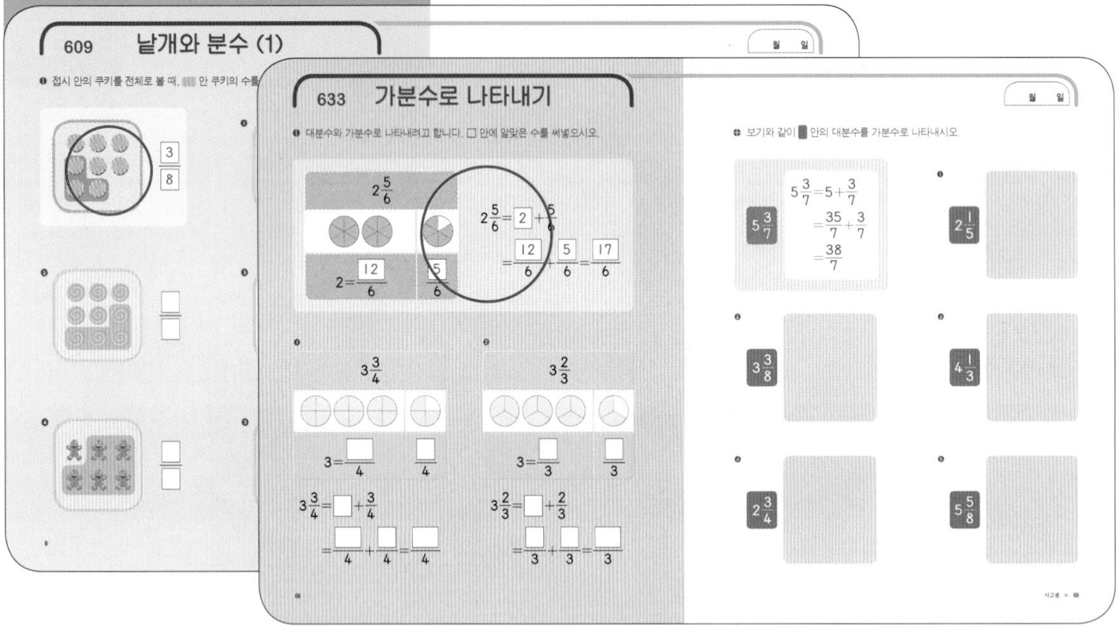
609 낱개와 분수 (1)
접시 안의 쿠키를 전체로 볼 때, 안 쿠키의 수를
633 가분수로 나타내기
대분수와 가분수로 나타내려고 합니다. □ 안에 알맞은 수를 써넣으시오.
보기와 같이 안의 대분수를 가분수로 나타내시오.

- 대표 사고력 유형으로 연산 원리를 쉽게쉽게
- 1~4일차: 다양한 유형의 주 진도 학습

잘 공부했는지 알아봅시다.

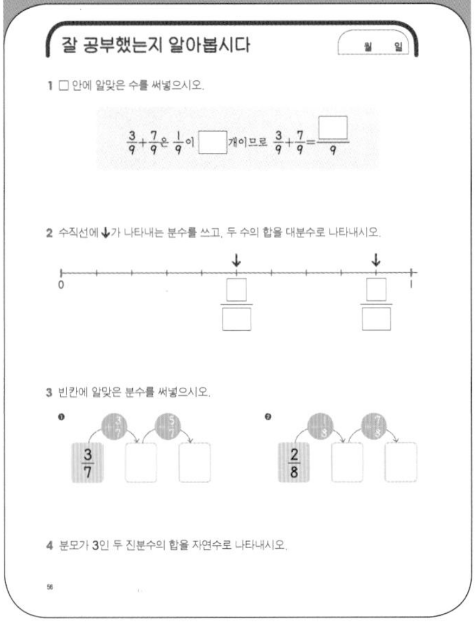
잘 공부했는지 알아봅시다
1 □ 안에 알맞은 수를 써넣으시오.
2 수직선에 ↓가 나타내는 분수를 쓰고, 두 수의 합을 대분수로 나타내시오.
3 빈칸에 알맞은 분수를 써넣으시오.
4 분모가 3인 두 진분수의 합을 자연수로 나타내시오.

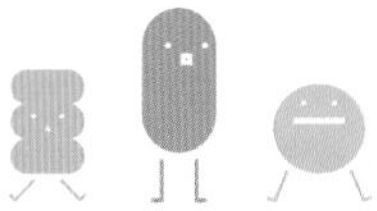

- 5일차 점검 학습: 주 진도 학습 확인

권두부록 (기본연산 Check-Book)

기본연산 Check-Book

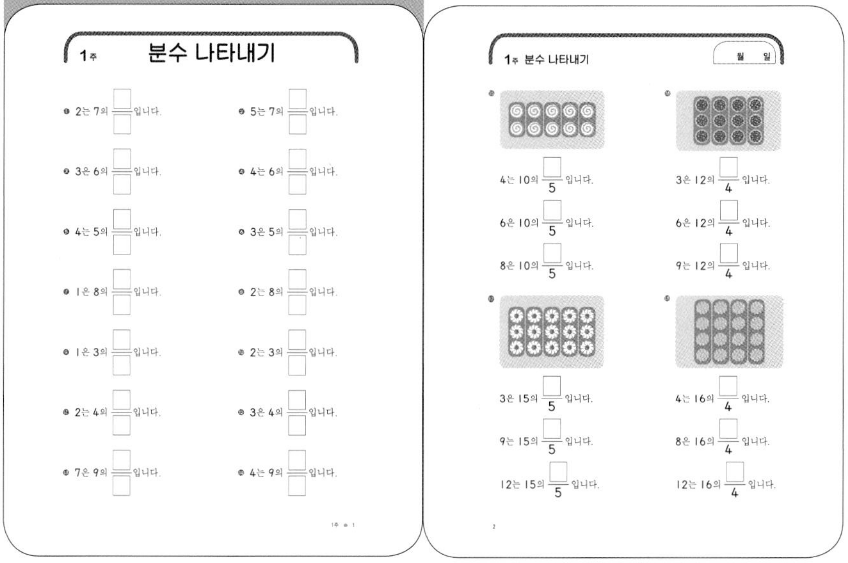

- 본 학습 전 기본연산 실력 진단

권말부록 (G-Book)

Guide Book(정답 및 해설)

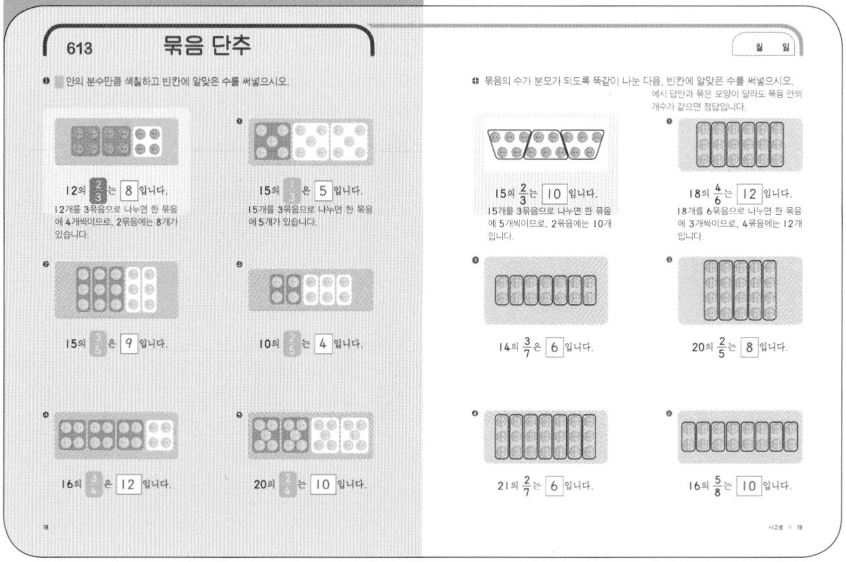

- 문제와 답을 한 눈에!
- 상세한 풀이와 친절한 해설, 답

학습 효과 및 활용법

학습 효과

- 수학적 사고력 향상
- 생각의 다양성 향상
- 스스로 생각을 만드는 직관 학습
- 추론능력, 문제해결력 향상
- 연산의 원리 이해
- 수·연산 영역 완벽 대비
- 다양한 유형으로 수 조작력 향상
- 진도 학습 및 점검 학습으로 연산 학습 완성

사고셈

주차별 활용법

1단계
기본연산 Check-Book으로 준비 학습

→

2단계
사고력 유형으로 진도 학습

→

3단계
마무리 문제로 점검 학습

1단계 : 기본연산 Check-Book으로 사고력 연산을 위한 준비 학습을 합니다.

2단계 : 사고력 유형으로 사고력 연산의 진도 학습을 합니다.

3단계 : 한 주마다 점검 학습(잘 공부했는지 알아봅시다)으로 사고력 향상을 확인합니다.

학습 구성

6세

1호	10까지의 수
2호	더하기 빼기 1과 2
3호	합이 9까지인 덧셈
4호	한 자리 수의 뺄셈과 세 수의 계산

7세

1호	한 자리 수의 덧셈과 뺄셈
2호	10 만들기
3호	50까지의 수
4호	더하기 빼기 1과 2, 10과 20

초등 1

1호	덧셈구구
2호	뺄셈구구와 덧셈, 뺄셈 혼합
3호	100까지의 수, 1000까지의 수
4호	받아올림, 받아내림 없는 두 자리 수의 계산

초등 2

1호	두 자리 수와 한 자리 수의 덧셈과 뺄셈
2호	두 자리 수의 덧셈과 뺄셈
3호	곱셈구구
4호	곱셈과 나눗셈 구구

초등 3

1호	세·네 자리 수의 덧셈과 뺄셈
2호	분수와 소수의 기초
3호	두 자리 수의 곱셈과 나눗셈
4호	분수

초등 4

1호	분수의 덧셈과 뺄셈
2호	혼합 계산
3호	소수의 덧셈과 뺄셈
4호	어림하기

이 책의 학습 로드맵

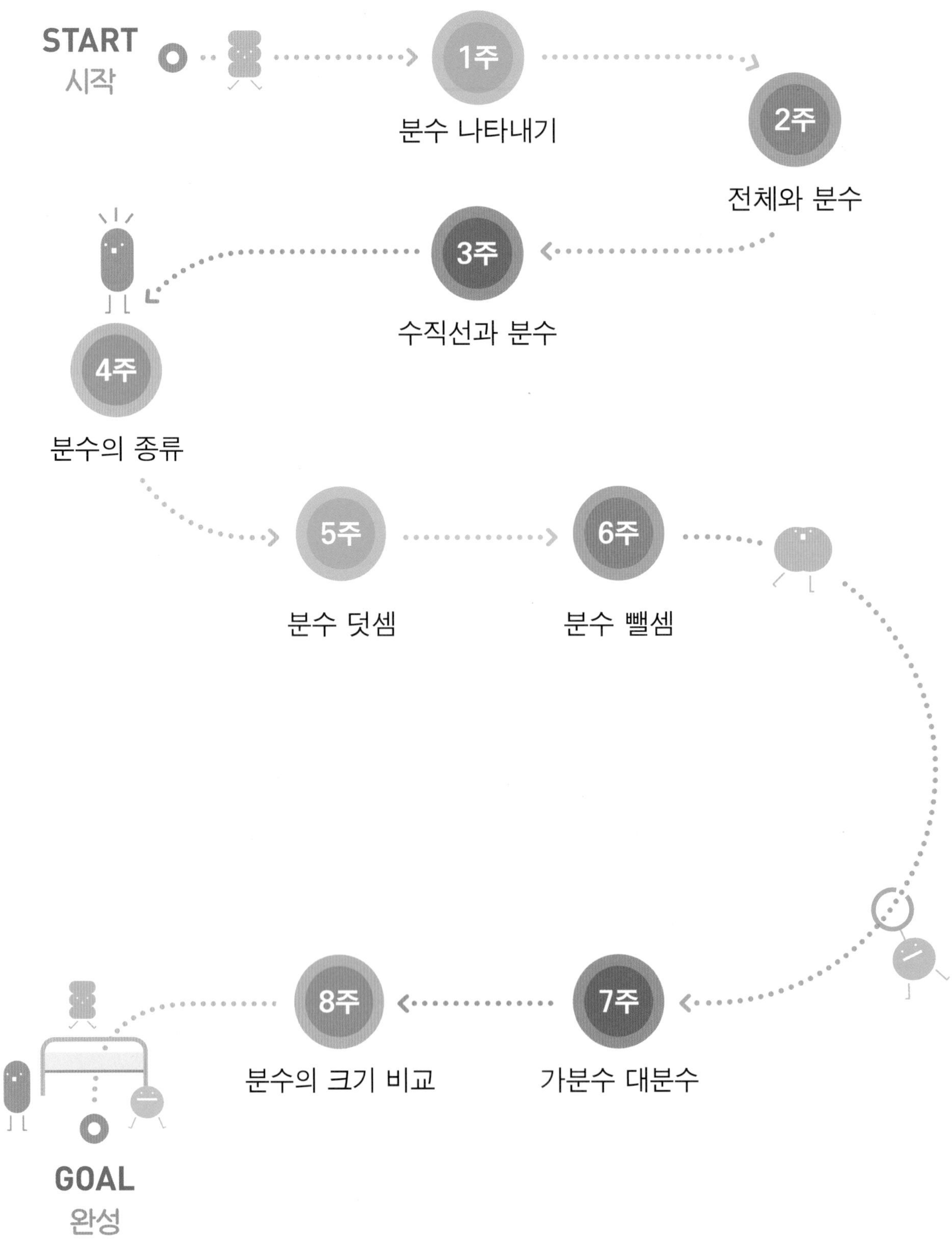
START
시작
1주
분수 나타내기
2주
전체와 분수
3주
수직선과 분수
4주
분수의 종류
5주
분수 덧셈
6주
분수 뺄셈
7주
가분수 대분수
8주
분수의 크기 비교
GOAL
완성

1 분수 나타내기

609 낱개와 분수 (1)

◐ 접시 안의 쿠키를 전체로 볼 때, ▬ 안 쿠키의 수를 분수로 나타내시오.

$\frac{3}{8}$

❶

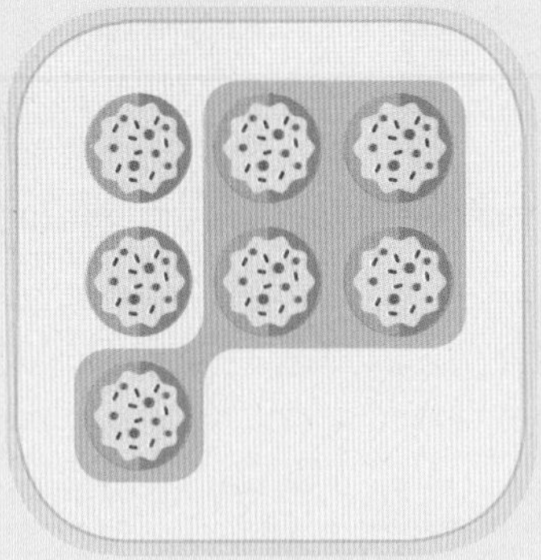

$\frac{\square}{\square}$

❷

$\frac{\square}{\square}$

❸

$\frac{\square}{\square}$

❹

$\frac{\square}{\square}$

❺

$\frac{\square}{\square}$

⊕ 분수로 나타내고 □ 안에 알맞은 수를 써넣으시오.

$\frac{3}{5}$ 3은 5의 $\frac{3}{5}$입니다.

❶

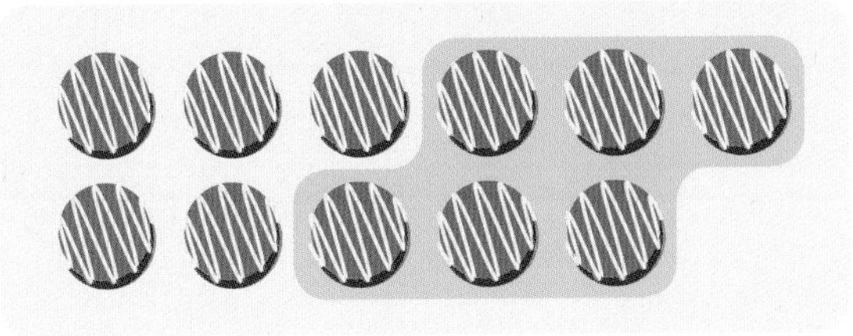

$\frac{□}{□}$ 6은 11의 $\frac{□}{□}$입니다.

❷

$\frac{□}{□}$ 2는 9의 $\frac{□}{□}$입니다.

❸

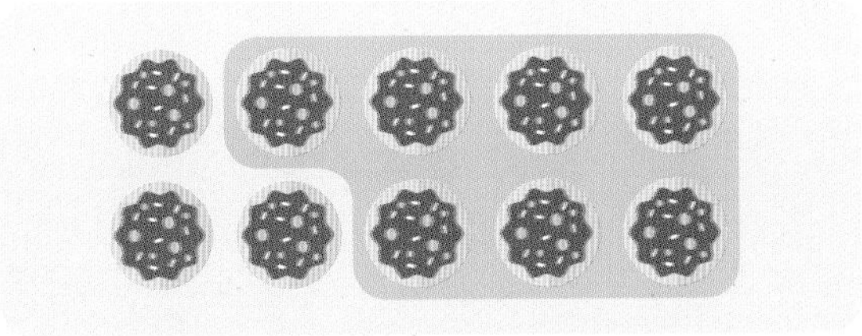

$\frac{□}{□}$ 7은 10의 $\frac{□}{□}$입니다.

❹

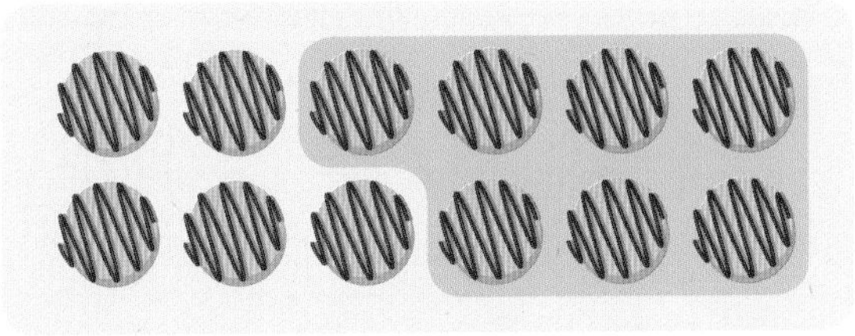

$\frac{□}{□}$ 7은 12의 $\frac{□}{□}$입니다.

610 낱개와 분수 (2)

● 안의 수만큼 ⬭를 그려 과일을 묶고, □ 안에 알맞은 수를 써넣으시오.

5 는 9의 $\frac{5}{9}$ 입니다.

❶

4 는 7의 $\frac{\square}{\square}$ 입니다.

❷

3 은 8의 $\frac{\square}{\square}$ 입니다.

❸

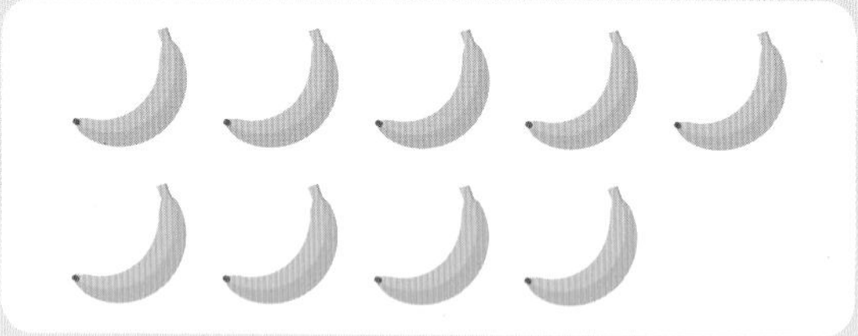

7 은 9의 $\frac{\square}{\square}$ 입니다.

❹

2 는 11의 $\frac{\square}{\square}$ 입니다.

월 일

□ 안에 알맞은 수를 써넣으시오.

3은 8의 $\frac{3}{8}$입니다.
17은 8의 $\frac{17}{8}$입니다.

❶ 6은 13의 $\frac{\square}{\square}$입니다.
14는 13의 $\frac{\square}{\square}$입니다.

❷ 4는 7의 $\frac{\square}{\square}$입니다.
9는 7의 $\frac{\square}{\square}$입니다.

❸ 6은 11의 $\frac{\square}{\square}$입니다.
12는 11의 $\frac{\square}{\square}$입니다.

❹ 9는 10의 $\frac{\square}{\square}$입니다.
11은 10의 $\frac{\square}{\square}$입니다.

❺ 7은 16의 $\frac{\square}{\square}$입니다.
19는 16의 $\frac{\square}{\square}$입니다.

611 묶음과 분수 (1)

◐ 칠해진 부분을 낱개와 묶음 두 가지 방법으로 분수로 나타낸 것입니다. □ 안에 알맞은 수를 써넣으시오.

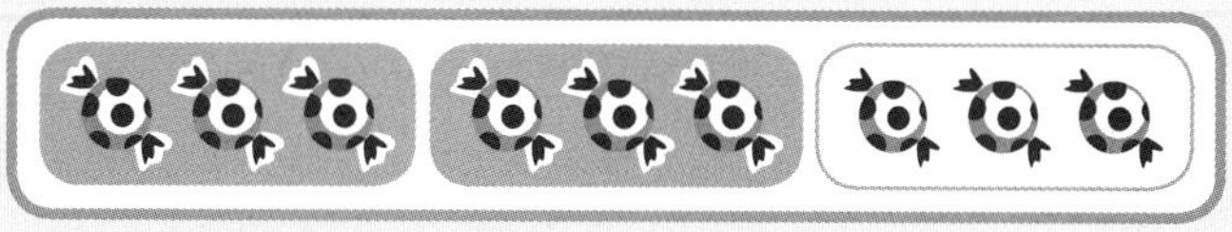

$\frac{6}{9} = \frac{2}{3}$

6은 9의 $\frac{6}{9}$입니다.

9를 3씩 묶으면

6은 9의 $\frac{2}{3}$입니다.

❶

$\frac{\square}{16} = \frac{\square}{4}$

12는 16의 $\frac{\square}{16}$입니다.

16을 4씩 묶으면

12는 16의 $\frac{\square}{4}$입니다.

❷

$\frac{\square}{15} = \frac{\square}{5}$

12는 15의 $\frac{\square}{15}$입니다.

15를 3씩 묶으면

12는 15의 $\frac{\square}{5}$입니다.

⊕ 칠해진 묶음의 수를 분수로 나타내고 □ 안에 알맞은 수를 써넣으시오.

$\frac{5}{6}$

18개를 3씩 묶으면

15는 18의 $\frac{5}{6}$입니다.

❶

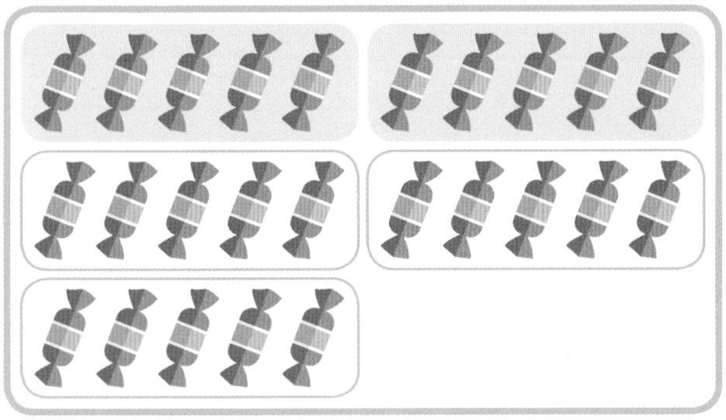

$\frac{□}{□}$

25개를 5씩 묶으면

10은 25의 $\frac{□}{□}$입니다.

❷

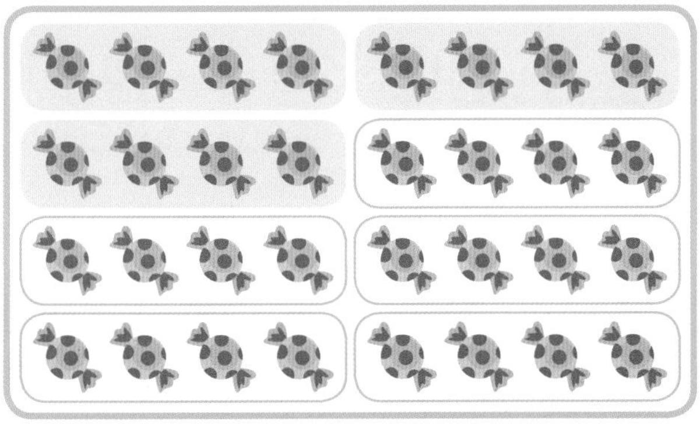

$\frac{□}{□}$

32개를 4씩 묶으면

12는 32의 $\frac{□}{□}$입니다.

❸

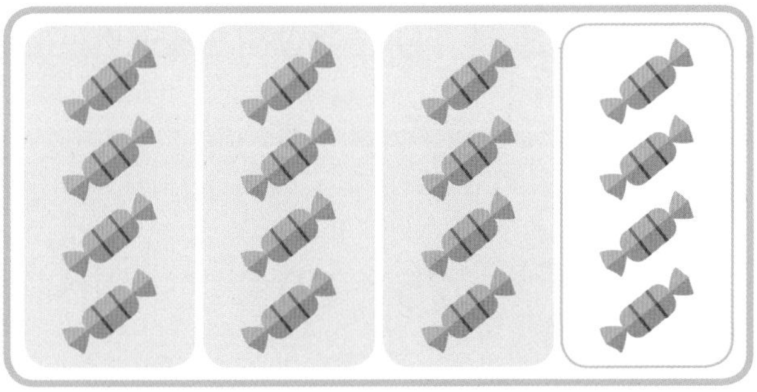

$\frac{□}{□}$

16개를 4씩 묶으면

12는 16의 $\frac{□}{□}$입니다.

612 묶음과 분수 (2)

◐ ⌓ 안의 수씩 묶고 □ 안에 알맞은 수를 써넣으시오.

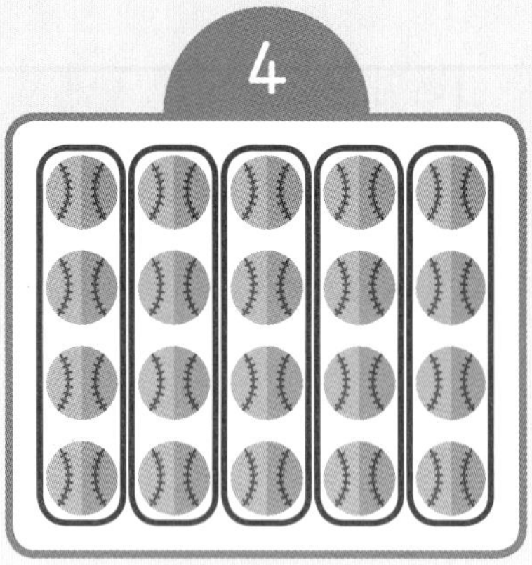

20을 4씩 묶으면 8은 20의 $\frac{2}{5}$입니다.

12는 20의 $\frac{3}{5}$입니다.

❶

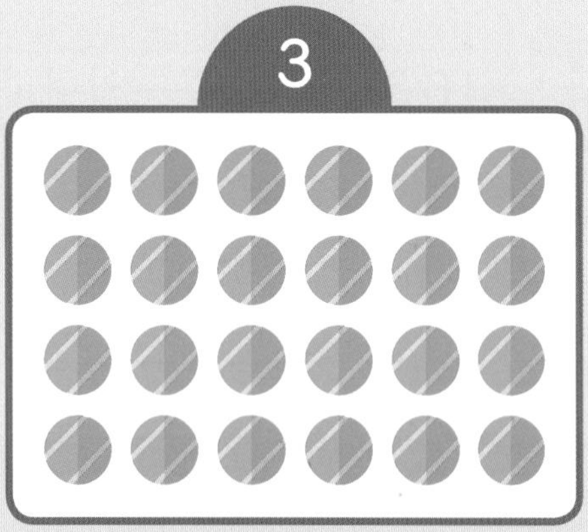

24를 3씩 묶으면 9는 24의 $\frac{\square}{\square}$입니다.

15는 24의 $\frac{\square}{\square}$입니다.

❷

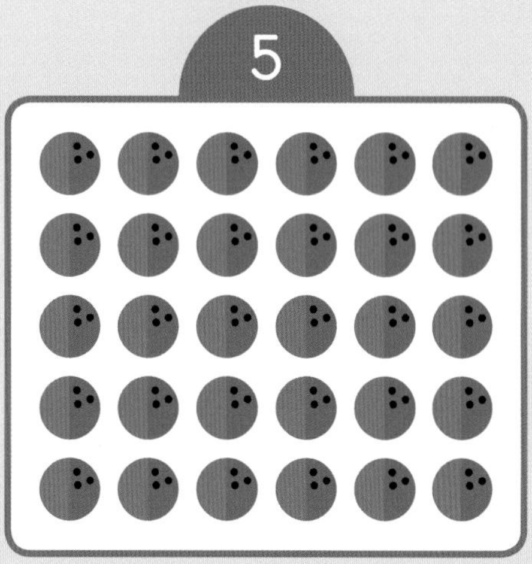

30을 5씩 묶으면 10은 30의 $\frac{\square}{\square}$입니다.

25는 30의 $\frac{\square}{\square}$입니다.

월 일

□ 안에 알맞은 수를 써넣으시오.

30을 6씩 묶었습니다.

6은 30의 $\frac{1}{5}$입니다.

18은 30의 $\frac{3}{5}$입니다.

24는 30의 $\frac{4}{5}$입니다.

❶ 36을 4씩 묶었습니다.

4는 36의 $\frac{\square}{\square}$입니다.

28은 36의 $\frac{\square}{\square}$입니다.

32는 36의 $\frac{\square}{\square}$입니다.

❷ 42를 6씩 묶었습니다.

6은 42의 $\frac{\square}{\square}$입니다.

12는 42의 $\frac{\square}{\square}$입니다.

24는 42의 $\frac{\square}{\square}$입니다.

❸ 48을 8씩 묶었습니다.

8은 48의 $\frac{\square}{\square}$입니다.

24는 48의 $\frac{\square}{\square}$입니다.

40은 48의 $\frac{\square}{\square}$입니다.

잘 공부했는지 알아봅시다

월 일

1 칠해진 부분을 낱개와 묶음 두 가지 방법으로 분수로 나타낸 것입니다. □ 안에 알맞은 수를 써넣으시오.

6은 8의 $\frac{\square}{8}$입니다.

6을 2씩 묶으면 6은 8의 $\frac{\square}{\square}$입니다.

2 □ 안에 알맞은 수를 써넣으시오.

❶ 30을 6씩 묶으면 12는 30의 $\frac{\square}{\square}$입니다.

❷ 30을 10씩 묶으면 20은 30의 $\frac{\square}{\square}$입니다.

3 감자가 18개 있습니다. 그중 3개는 할머니께 드리고 9개는 이웃집에 드렸습니다. □ 안에 알맞은 수를 써넣으시오.

❶ 18을 3씩 묶으면 감자 3개는 18개의 $\frac{\square}{\square}$입니다.

❷ 18을 9씩 묶으면 감자 9개는 18개의 $\frac{\square}{\square}$입니다.

2 전체와 분수

613 묶음 단추

◐ 안의 분수만큼 색칠하고 빈칸에 알맞은 수를 써넣으시오.

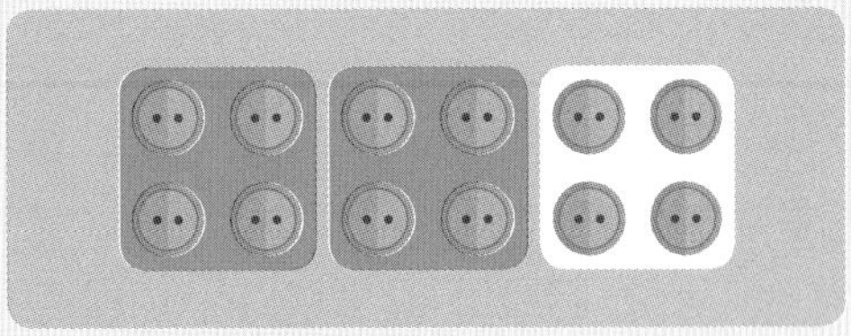

12의 $\frac{2}{3}$는 8 입니다.

❶

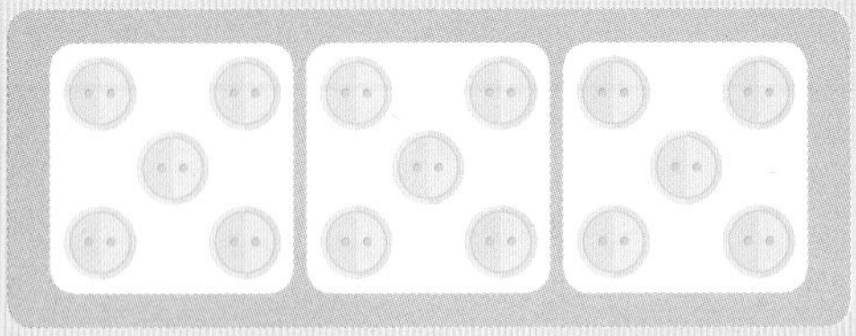

15의 $\frac{1}{3}$은 ☐ 입니다.

❷

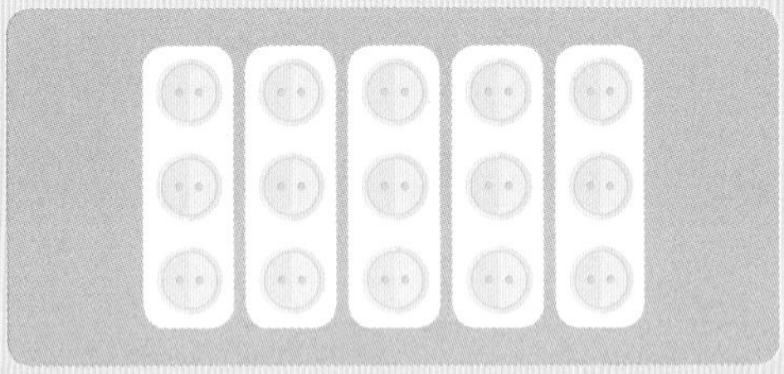

15의 $\frac{3}{5}$은 ☐ 입니다.

❸

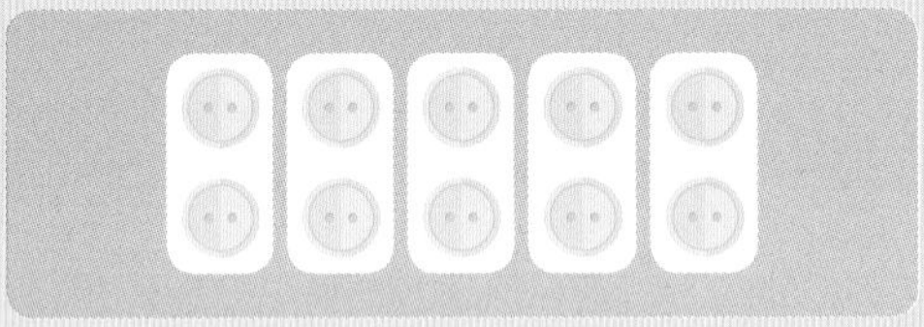

10의 $\frac{2}{5}$는 ☐ 입니다.

❹

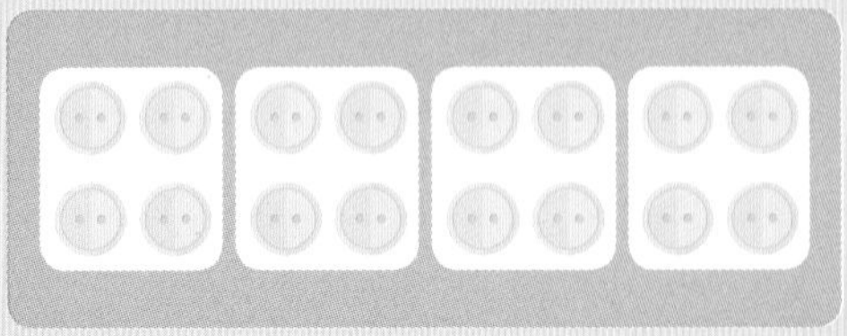

16의 $\frac{3}{4}$은 ☐ 입니다.

❺

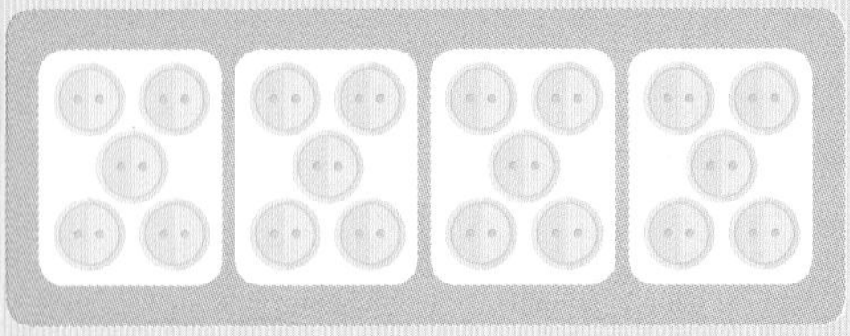

20의 $\frac{2}{4}$는 ☐ 입니다.

월 일

묶음의 수가 분모가 되도록 똑같이 나눈 다음, 빈칸에 알맞은 수를 써넣으시오.

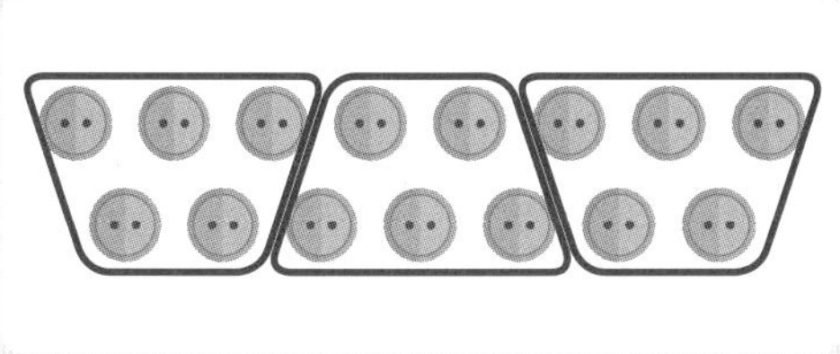

15의 $\frac{2}{3}$는 10 입니다.

❶

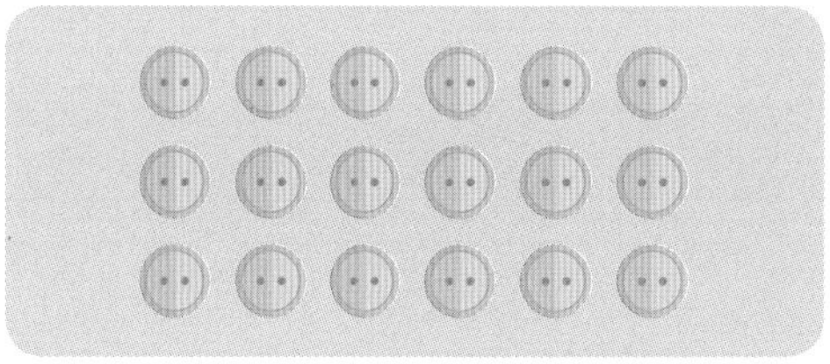

18의 $\frac{4}{6}$는 ☐ 입니다.

❷

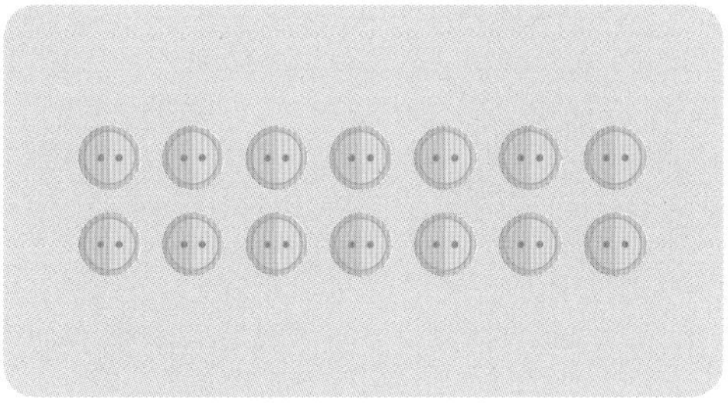

14의 $\frac{3}{7}$은 ☐ 입니다.

❸

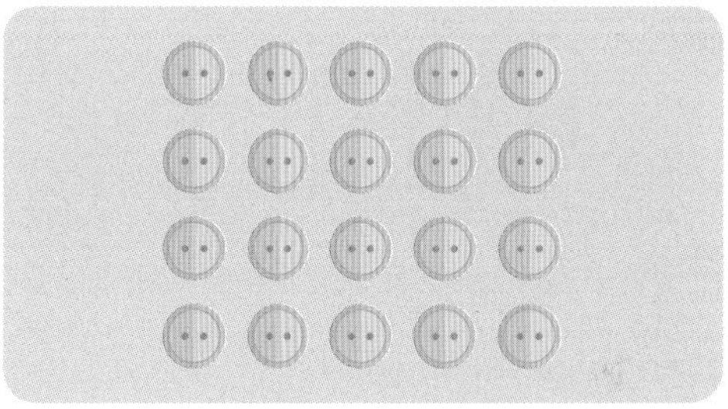

20의 $\frac{2}{5}$는 ☐ 입니다.

❹

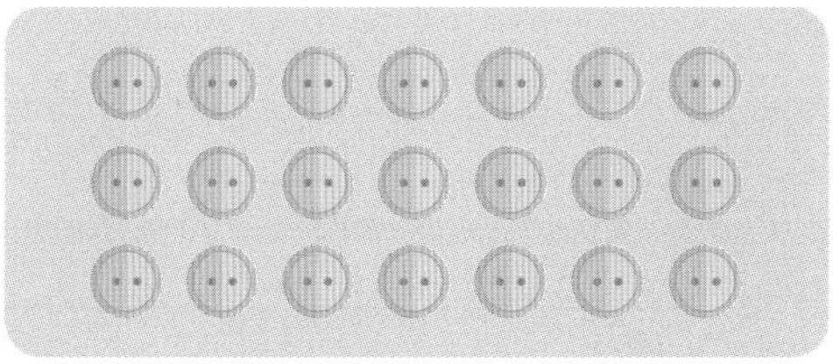

21의 $\frac{2}{7}$는 ☐ 입니다.

❺

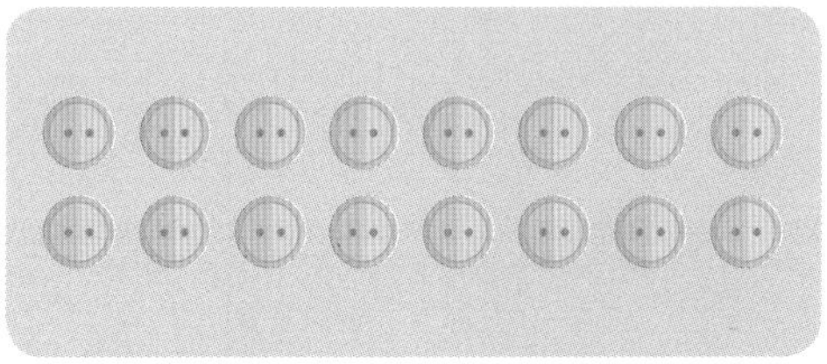

16의 $\frac{5}{8}$는 ☐ 입니다.

614 18과 24

◐ 18을 여러 가지 방법으로 나누었습니다. 빈칸에 알맞은 수를 써넣으시오.

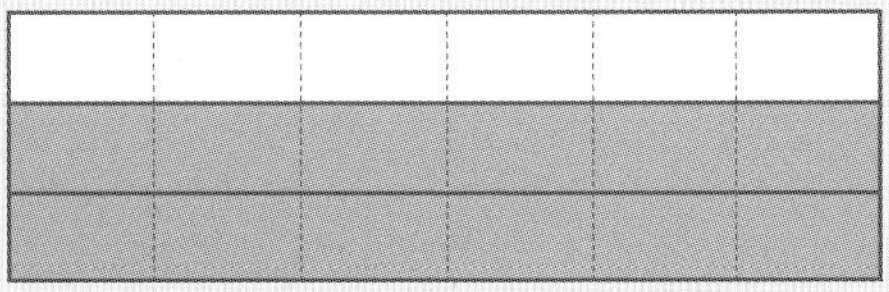

18의 $\frac{2}{3}$는 12 입니다.

❶

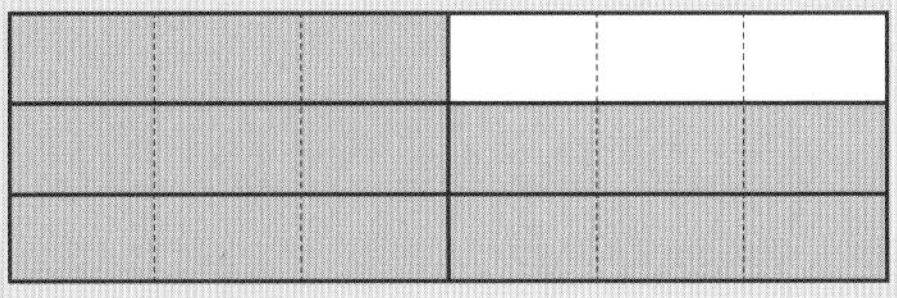

18의 $\frac{5}{6}$는 □ 입니다.

❷

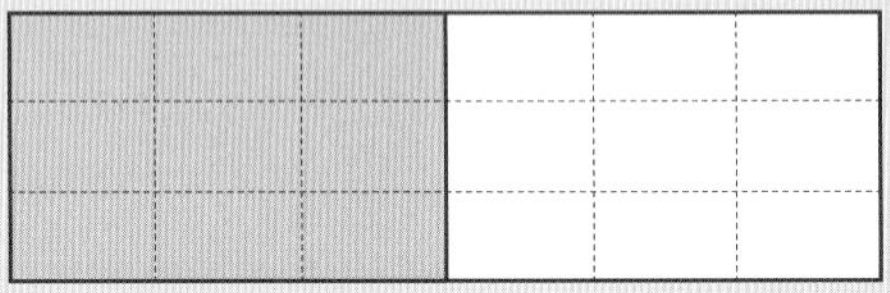

18의 $\frac{1}{2}$은 □ 입니다.

❸

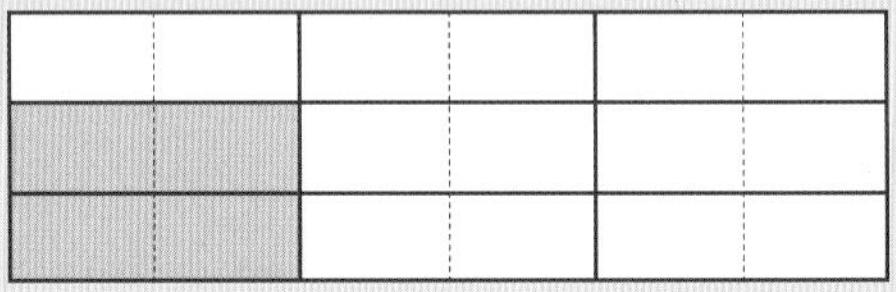

18의 $\frac{2}{9}$는 □ 입니다.

❹

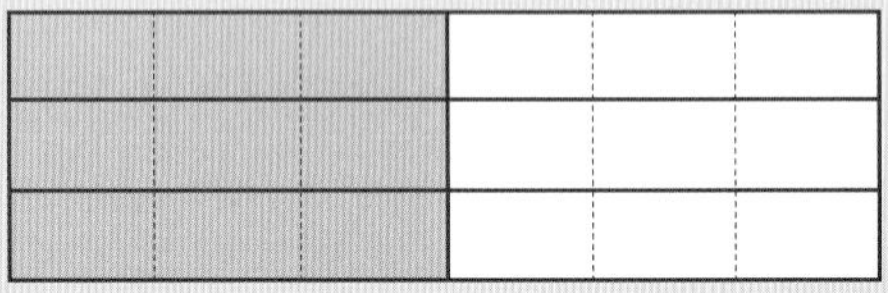

18의 $\frac{3}{6}$은 □ 입니다.

❺

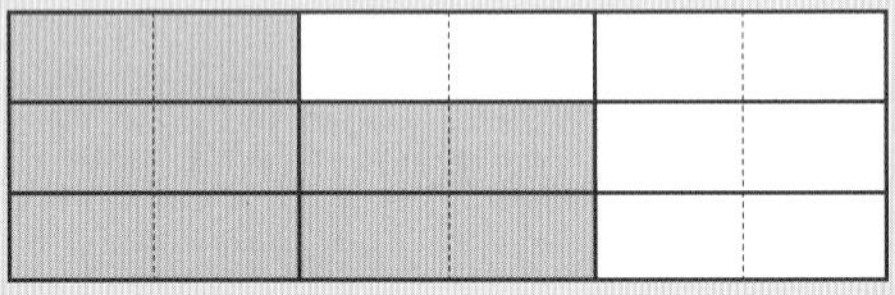

18의 $\frac{5}{9}$는 □ 입니다.

❻

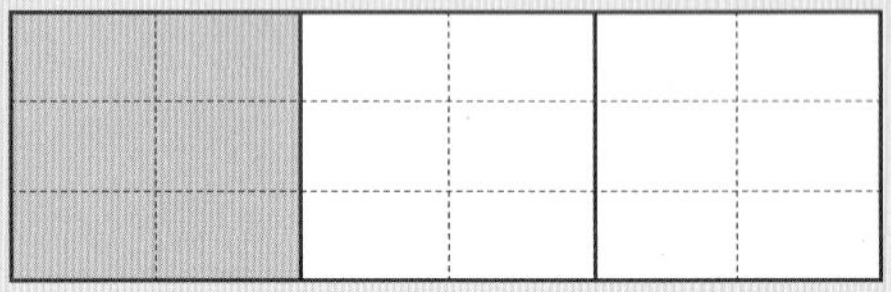

18의 $\frac{1}{3}$은 □ 입니다.

❼

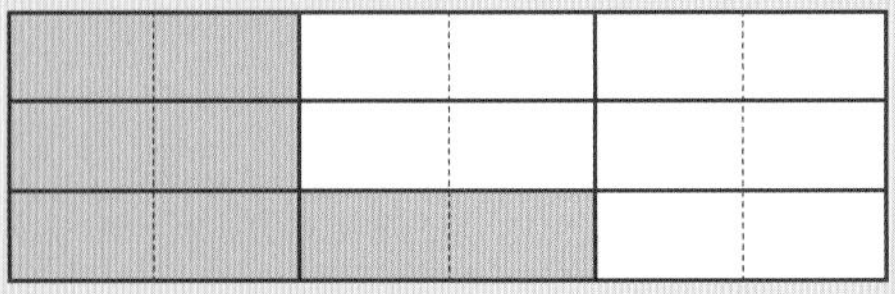

18의 $\frac{4}{9}$는 □ 입니다.

⊕ 분수만큼 색칠하고 빈칸에 알맞은 수를 써넣으시오.

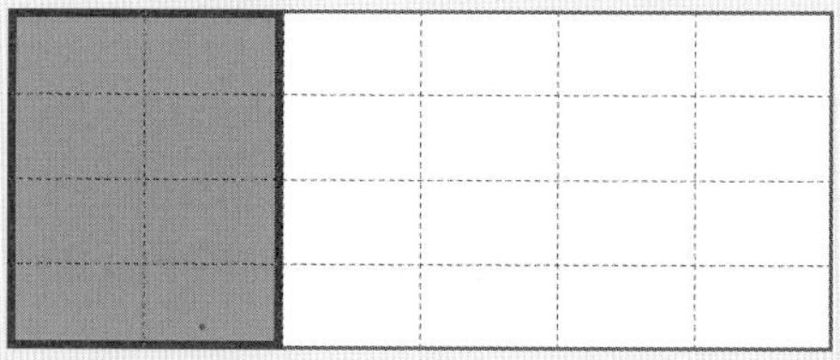

24의 $\frac{1}{3}$은 8 입니다.

❶

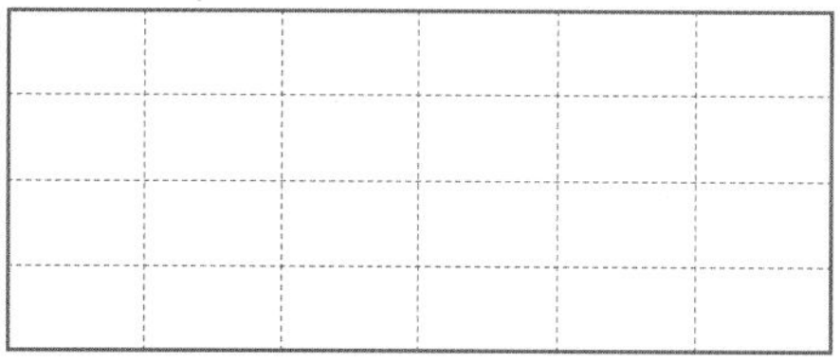

24의 $\frac{2}{3}$는 □ 입니다.

❷

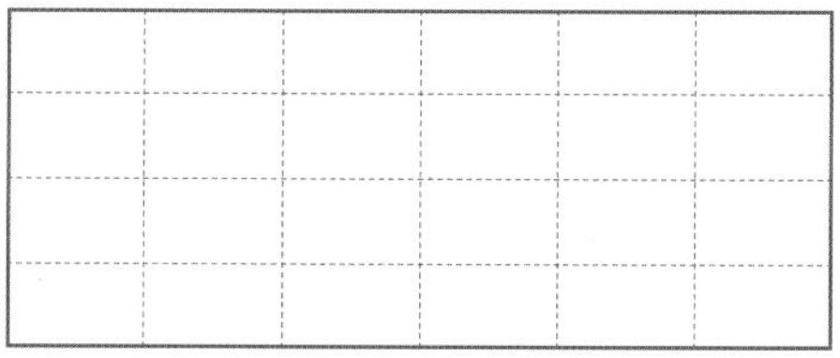

24의 $\frac{1}{6}$은 □ 입니다.

❸

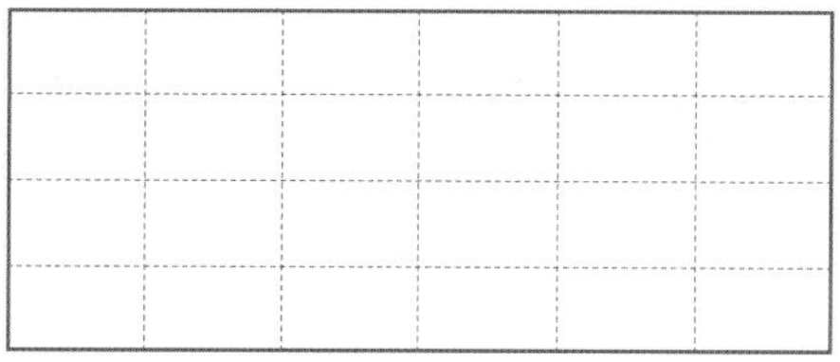

24의 $\frac{5}{6}$는 □ 입니다.

❹

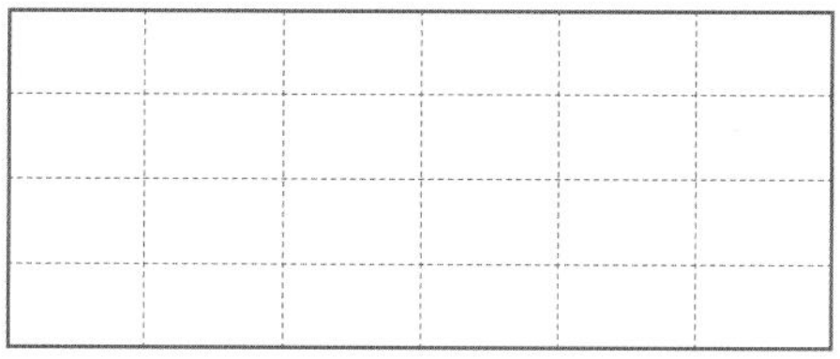

24의 $\frac{1}{4}$은 □ 입니다.

❺

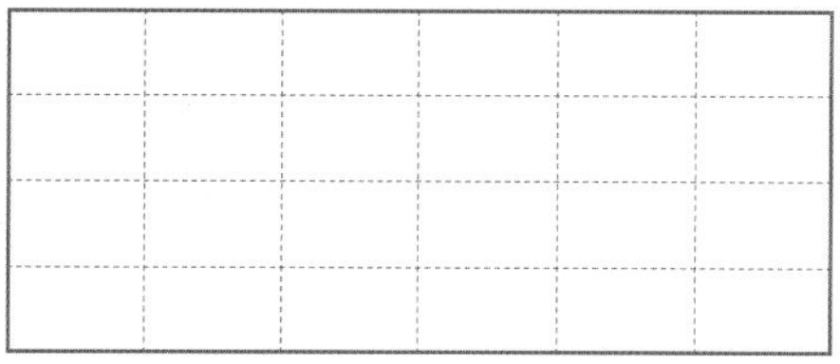

24의 $\frac{3}{4}$은 □ 입니다.

❻

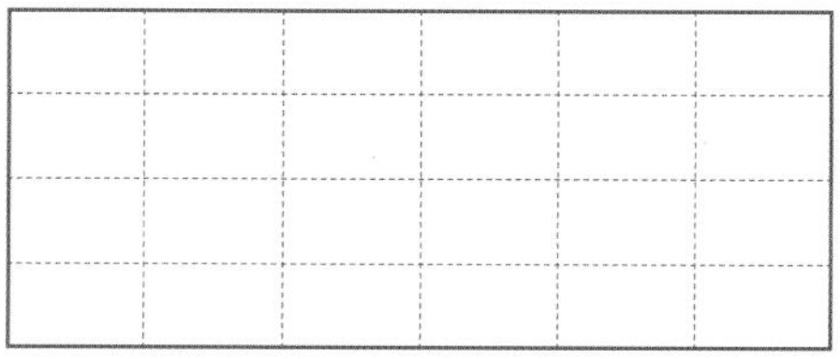

24의 $\frac{1}{8}$은 □ 입니다.

❼

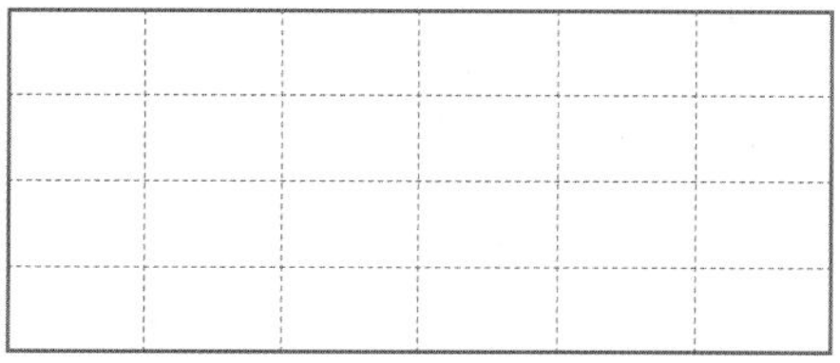

24의 $\frac{5}{8}$는 □ 입니다.

615 단위분수만큼

◐ 그림을 보고 빈칸에 알맞은 수를 써넣으시오.

$20 \div 5 =$ 4

20의 $\frac{1}{5}$은 4 입니다.

❶

$18 \div 3 =$ ☐

18의 $\frac{1}{3}$은 ☐ 입니다.

❷

$21 \div 7 =$ ☐

21의 $\frac{1}{7}$은 ☐ 입니다.

❸

$32 \div 4 =$ ☐

32의 $\frac{1}{4}$은 ☐ 입니다.

❹

$24 \div 6 =$ ☐

24의 $\frac{1}{6}$은 ☐ 입니다.

월 일

나눗셈을 이용하여 자연수의 단위분수만큼을 구하시오.

15의 $\frac{1}{5}$은 [3] 입니다.

$15 \div 5 = $ [3]

❶ 12의 $\frac{1}{6}$은 [ ] 입니다.

$12 \div 6 = $ [ ]

❷ 18의 $\frac{1}{6}$은 [ ] 입니다.

$18 \div 6 = $ [ ]

❸ 21의 $\frac{1}{3}$은 [ ] 입니다.

$21 \div 3 = $ [ ]

❹ 32의 $\frac{1}{8}$은 [ ] 입니다.

$32 \div 8 = $ [ ]

❺ 16의 $\frac{1}{8}$은 [ ] 입니다.

$16 \div 8 = $ [ ]

❻ 12의 $\frac{1}{4}$은 [ ] 입니다.

$12 \div 4 = $ [ ]

❼ 24의 $\frac{1}{3}$은 [ ] 입니다.

$24 \div 3 = $ [ ]

616 분수만큼

◐ 빈칸에 알맞은 수를 써넣으시오.

15의 $\frac{1}{5}$은 3 입니다.

$\frac{3}{5}$은 $\frac{1}{5}$이 3 개입니다.

15의 $\frac{3}{5}$은 9 입니다.

❶

12의 $\frac{1}{6}$은 ☐ 입니다.

$\frac{5}{6}$는 $\frac{1}{6}$이 ☐ 개입니다.

12의 $\frac{5}{6}$는 ☐ 입니다.

❷

18의 $\frac{1}{3}$은 ☐ 입니다.

$\frac{2}{3}$는 $\frac{1}{3}$이 ☐ 개입니다.

18의 $\frac{2}{3}$는 ☐ 입니다.

❸

16의 $\frac{1}{4}$은 ☐ 입니다.

$\frac{3}{4}$은 $\frac{1}{4}$이 ☐ 개입니다.

16의 $\frac{3}{4}$은 ☐ 입니다.

❹

32의 $\frac{1}{8}$은 ☐ 입니다.

$\frac{3}{8}$은 $\frac{1}{8}$이 ☐ 개입니다.

32의 $\frac{3}{8}$은 ☐ 입니다.

❺

20의 $\frac{1}{10}$은 ☐ 입니다.

$\frac{7}{10}$은 $\frac{1}{10}$이 ☐ 개입니다.

20의 $\frac{7}{10}$은 ☐ 입니다.

보기와 같이 자연수의 분수만큼을 구하시오.

18의 $\frac{5}{6}$는 15 입니다.

18의 $\frac{1}{6}$은 $18 \div 6 = 3$

18의 $\frac{5}{6}$는 $3 \times 5 = 15$

❶ 20의 $\frac{3}{10}$은 □ 입니다.

❷ 32의 $\frac{7}{8}$은 □ 입니다.

❸ 15의 $\frac{4}{5}$는 □ 입니다.

❹ 36의 $\frac{3}{4}$은 □ 입니다.

❺ 36의 $\frac{5}{6}$는 □ 입니다.

잘 공부했는지 알아봅시다

월 일

1 □ 안에 알맞은 수를 써넣으시오.

28의 $\frac{1}{4}$은 28÷4=□입니다.

28의 $\frac{3}{4}$은 □×3=□입니다.

2 하루는 24시간입니다. 동현이의 하루의 일과를 보고 □ 안에 알맞은 수를 써넣으시오.

하루의 $\frac{1}{3}$은 잠을 잡니다. → □시간

하루의 $\frac{1}{4}$은 공부를 합니다. → □시간

하루의 $\frac{1}{8}$은 밥을 먹습니다. → □시간

남은 시간은 □시간입니다.

3 길이가 21 cm인 끈을 사서 $\frac{1}{3}$은 선물을 포장하는 데 사용하였습니다. 남은 끈의 길이는 몇 cm입니까?

3 수직선과 분수

617 수직선에 분수 쓰기

◐ 수직선의 빈칸에 알맞은 분수를 써넣으시오.

(예) $1 \quad \frac{7}{6} \quad \frac{8}{6} \quad \frac{9}{6} \quad \frac{10}{6} \quad \frac{11}{6} \quad 2$

❶ $0 \quad \frac{1}{7} \quad \frac{2}{7} \quad \frac{\square}{\square} \quad \frac{4}{7} \quad \frac{5}{7} \quad \frac{6}{7} \quad 1$

❷ $0 \quad \frac{1}{5} \quad \frac{\square}{\square} \quad \frac{3}{5} \quad \frac{4}{5} \quad 1$

❸ $1 \quad \frac{5}{4} \quad \frac{6}{4} \quad \frac{\square}{\square} \quad 2$

❹ $1 \quad \frac{8}{7} \quad \frac{\square}{\square} \quad \frac{10}{7} \quad \frac{11}{7} \quad \frac{12}{7} \quad \frac{13}{7} \quad 2$

❺ $0 \quad \frac{1}{6} \quad \frac{2}{6} \quad \frac{3}{6} \quad \frac{4}{6} \quad \frac{\square}{\square} \quad 1$

❻ $2 \quad \frac{11}{5} \quad \frac{12}{5} \quad \frac{\square}{\square} \quad \frac{14}{5} \quad 3$

❼ $2 \quad \frac{9}{4} \quad \frac{10}{4} \quad \frac{\square}{\square} \quad 3$

❽ $4 \quad \frac{13}{3} \quad \frac{\square}{\square} \quad 5$

❾ $1 \quad \frac{\square}{\square} \quad \frac{7}{5} \quad \frac{8}{5} \quad \frac{9}{5} \quad 2$

◆ 수직선의 빈칸에 알맞은 분수를 써넣으시오.

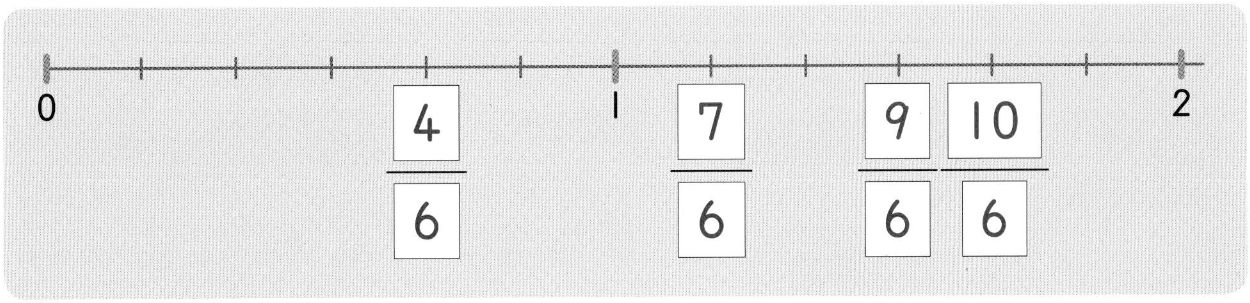

❶

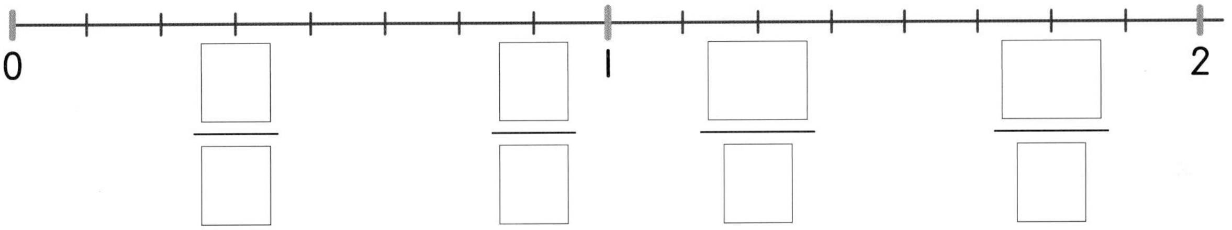

❷

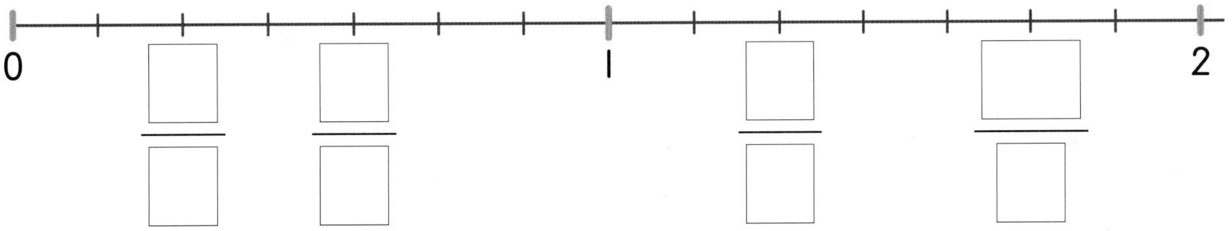

❸

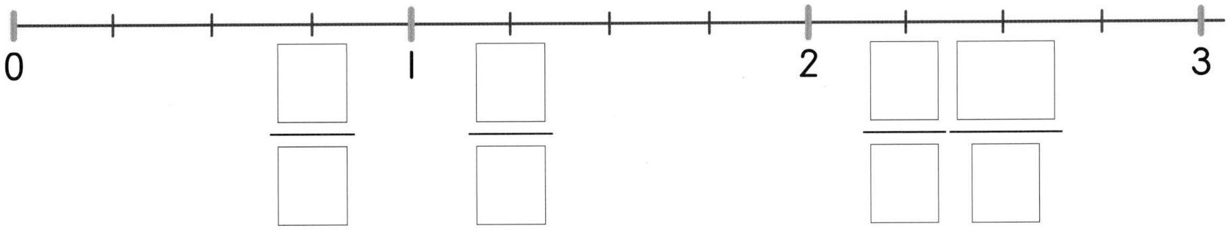

❹

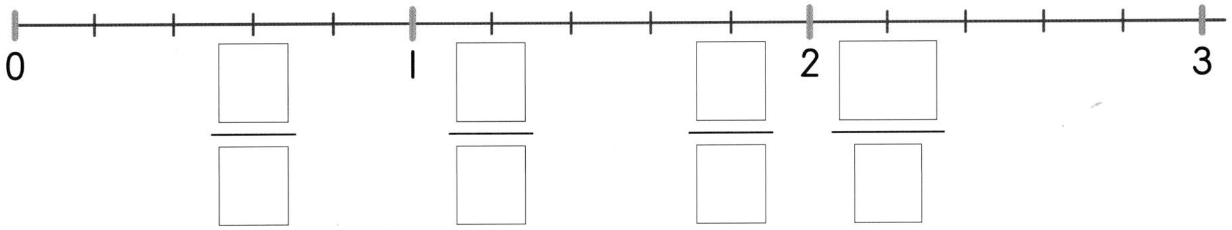

618 수직선 선잇기

◐ 관계있는 것끼리 선으로 이으시오.

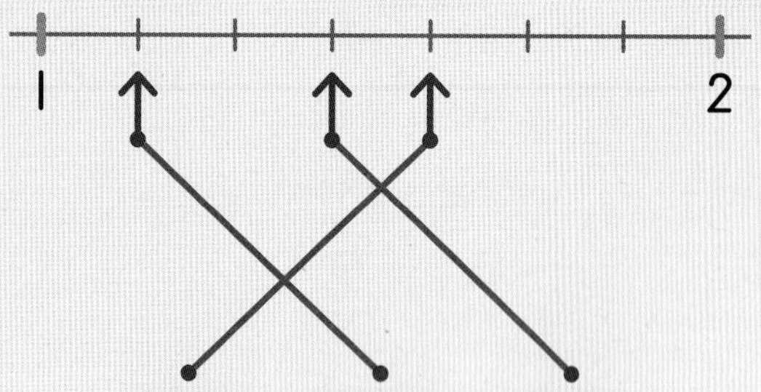

$\frac{11}{7}$ $\frac{8}{7}$ $\frac{10}{7}$

❶

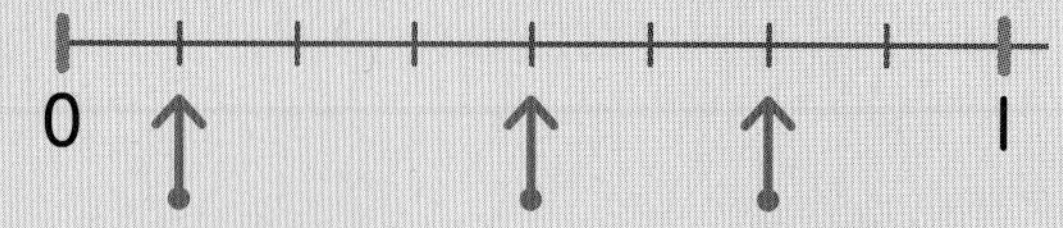

$\frac{1}{8}$ $\frac{6}{8}$ $\frac{4}{8}$

❷

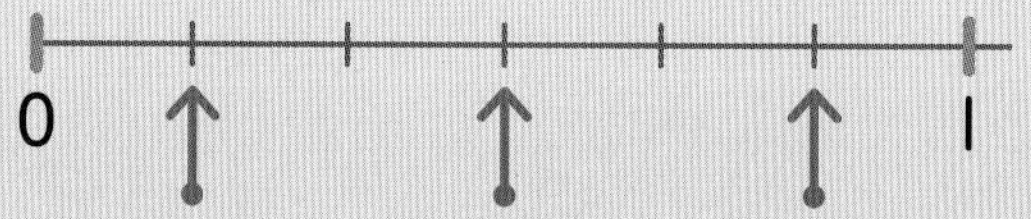

$\frac{3}{6}$ $\frac{1}{6}$ $\frac{5}{6}$

❸

$\frac{15}{8}$ $\frac{10}{8}$ $\frac{13}{8}$

❹

$\frac{16}{6}$ $\frac{14}{6}$ $\frac{17}{6}$

❺

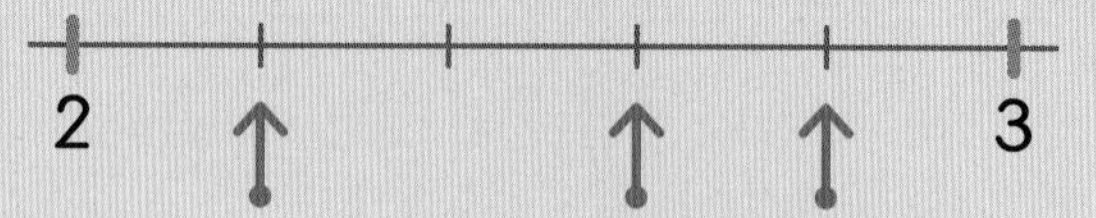

$\frac{13}{5}$ $\frac{14}{5}$ $\frac{11}{5}$

분수를 수직선에 ↓로 나타내시오.

$\frac{3}{8}$ $\frac{8}{8}$ $\frac{14}{8}$ $\frac{16}{8}$

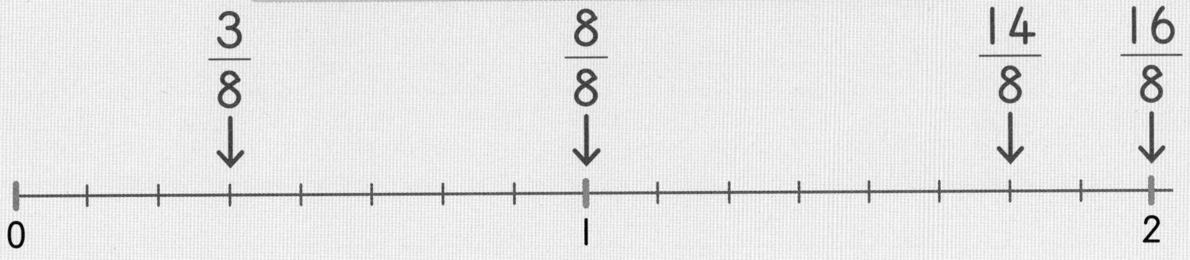

❶

$\frac{4}{6}$ $\frac{1}{6}$ $\frac{7}{6}$ $\frac{10}{6}$

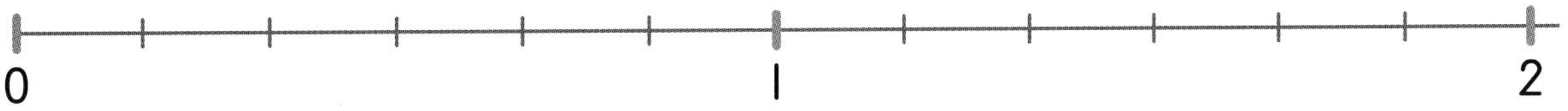

❷

$\frac{15}{10}$ $\frac{5}{10}$ $\frac{19}{10}$ $\frac{10}{10}$

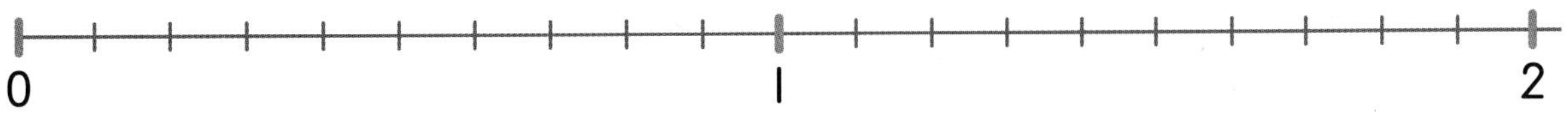

619 크기가 같은 두 분수

◐ ↓와 ↑가 나타내는 분수를 쓰시오.

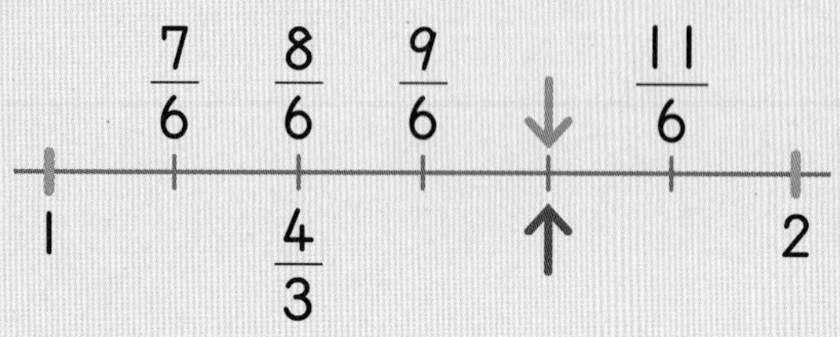

(↓) $\frac{10}{6} = \frac{5}{3}$ (↑)

❶

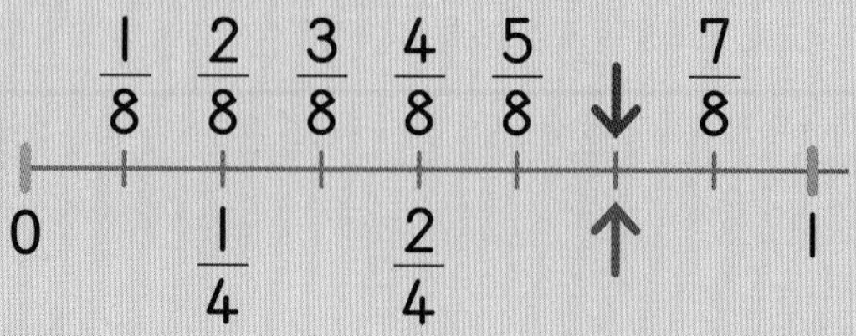

(↓) $\frac{\square}{\square} = \frac{\square}{\square}$ (↑)

❷

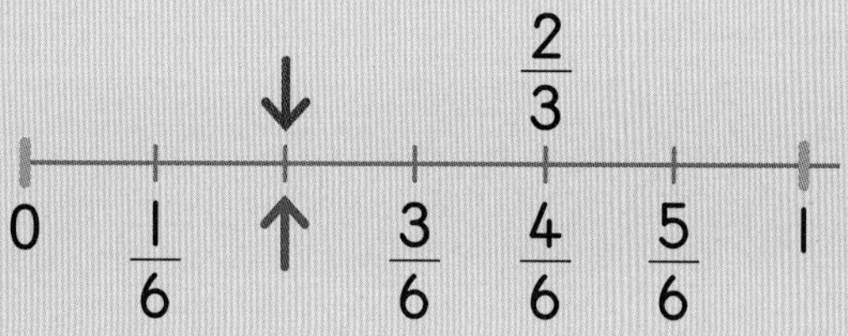

(↓) $\frac{\square}{\square} = \frac{\square}{\square}$ (↑)

❸

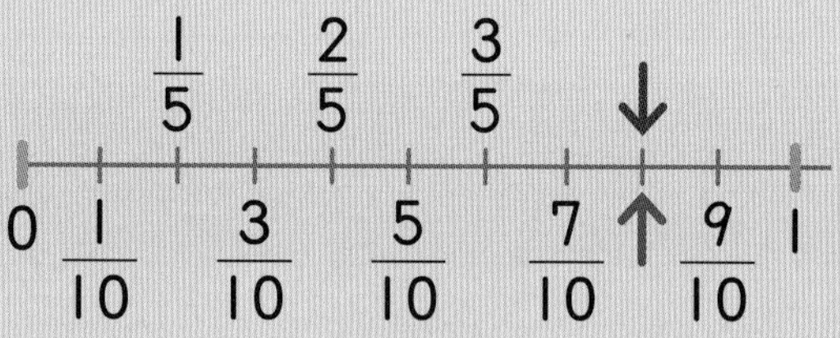

(↓) $\frac{\square}{\square} = \frac{\square}{\square}$ (↑)

❹

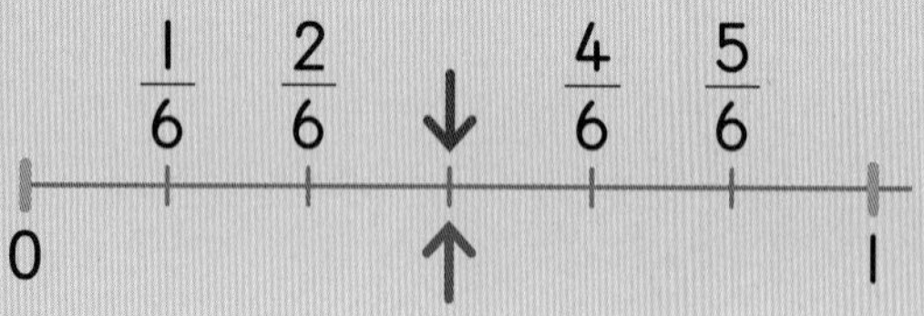

(↓) $\frac{\square}{\square} = \frac{\square}{\square}$ (↑)

❺

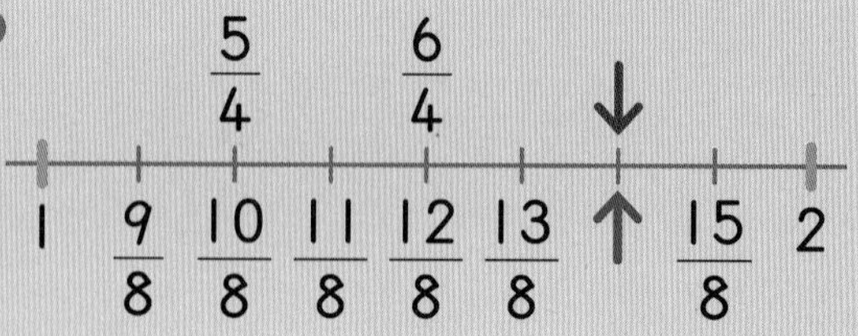

(↓) $\frac{\square}{\square} = \frac{\square}{\square}$ (↑)

분수를 수직선에 ↓ 또는 ↑로 나타내고, 크기가 같은 분수를 쓰시오.

$\frac{3}{4}$ $\frac{5}{4}$ $\frac{7}{4}$ $\frac{7}{8}$ $\frac{10}{8}$ $\frac{13}{8}$

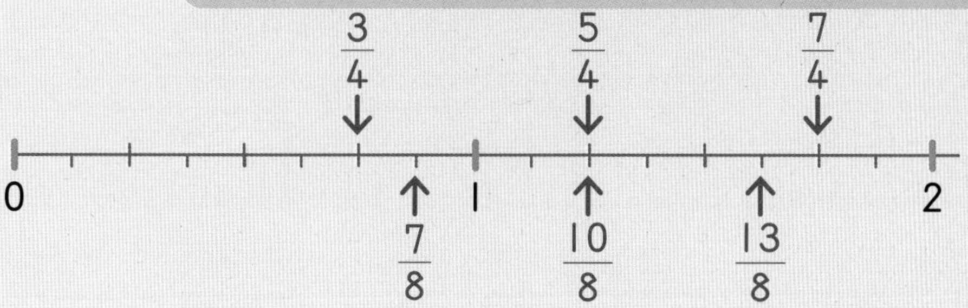

$\frac{5}{4} = \frac{10}{8}$

❶

$\frac{2}{3}$ $\frac{4}{3}$ $\frac{5}{3}$ $\frac{2}{6}$ $\frac{5}{6}$ $\frac{8}{6}$

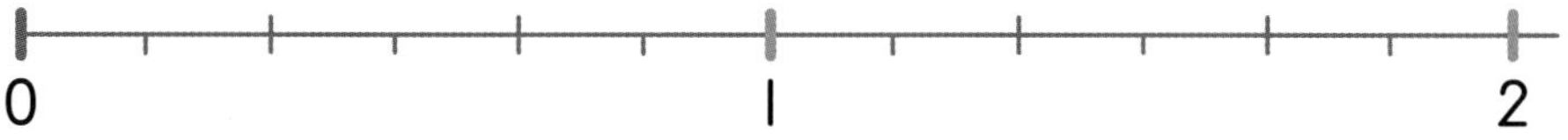

$\frac{\square}{\square} = \frac{\square}{\square}$

❷

$\frac{2}{5}$ $\frac{6}{5}$ $\frac{8}{5}$ $\frac{3}{10}$ $\frac{12}{10}$ $\frac{18}{10}$

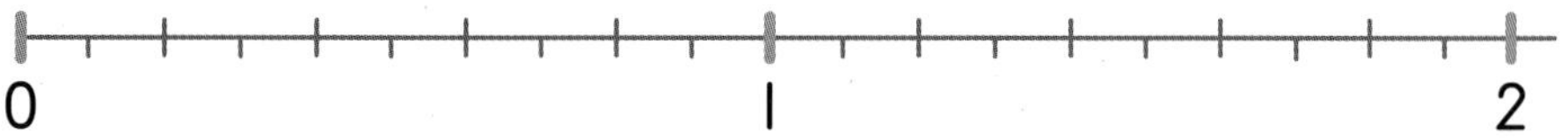

$\frac{\square}{\square} = \frac{\square}{\square}$

620 분수를 수직선에 나타내기

◐ 분수를 수직선에 ↓로 나타내시오.

$\frac{7}{12}$ $\frac{1}{4}$

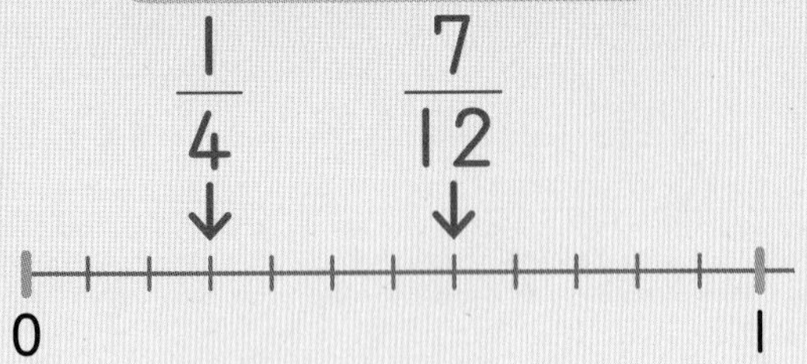

❶ $\frac{4}{9}$ $\frac{2}{3}$

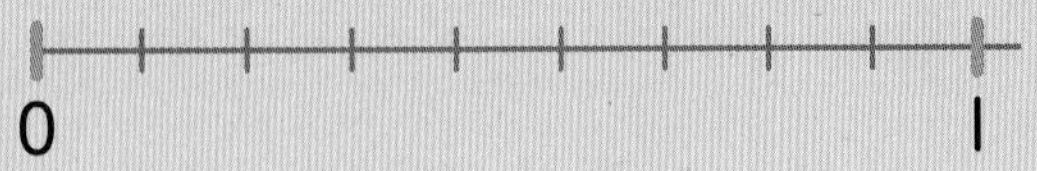

❷ $\frac{3}{8}$ $\frac{3}{4}$

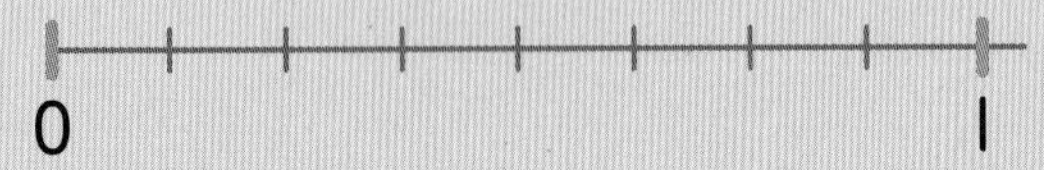

❸ $\frac{7}{10}$ $\frac{2}{5}$

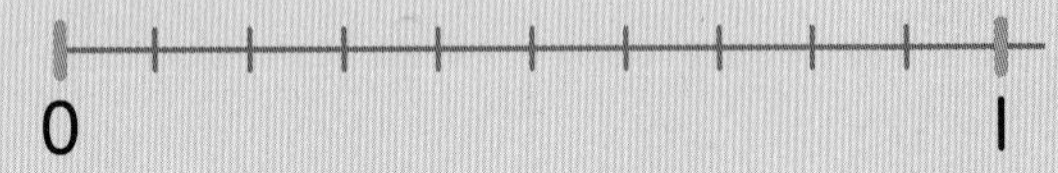

❹ $\frac{5}{12}$ $\frac{2}{3}$

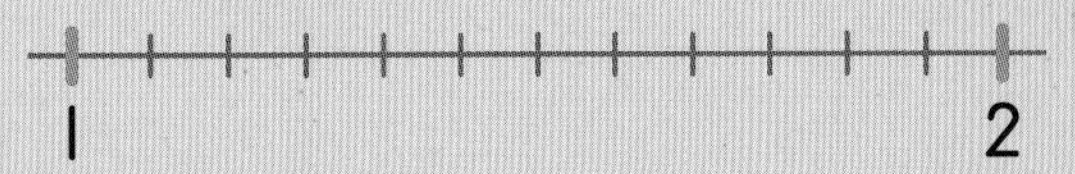

❺ $\frac{7}{8}$ $\frac{1}{2}$

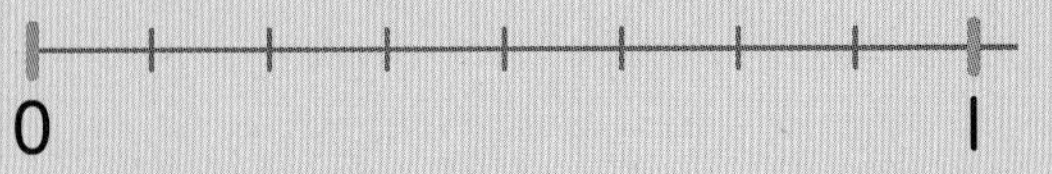

분수를 수직선에 ↓로 나타내시오.

$\frac{11}{18}$ $\frac{4}{9}$ $\frac{7}{6}$ $\frac{15}{9}$ $\frac{4}{3}$

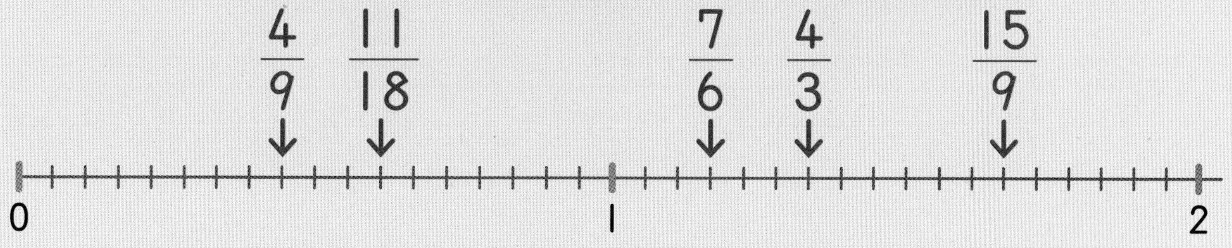

❶

$\frac{7}{12}$ $\frac{5}{4}$ $\frac{5}{6}$ $\frac{2}{3}$ $\frac{11}{6}$

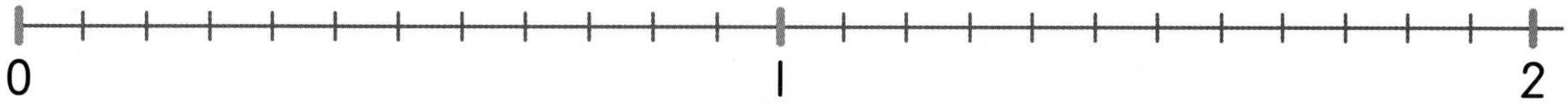

❷

$\frac{5}{8}$ $\frac{3}{4}$ $\frac{15}{8}$ $\frac{3}{2}$ $\frac{7}{4}$

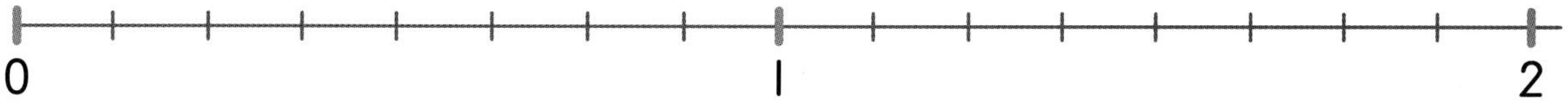

잘 공부했는지 알아봅시다

월 일

1 수직선에 ↓로 나타낸 분수만큼 색칠한 것에 ○표 하시오.

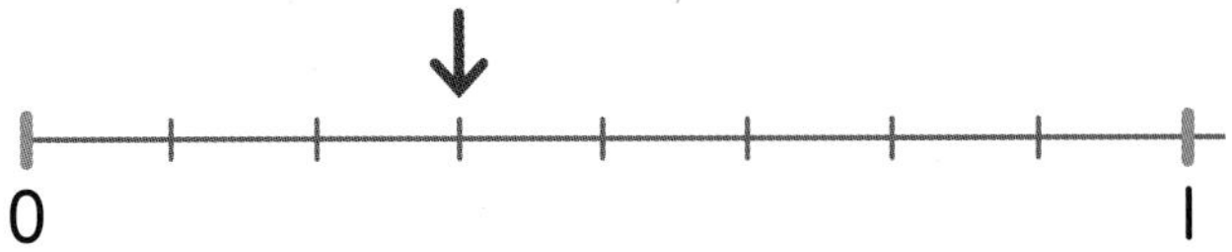

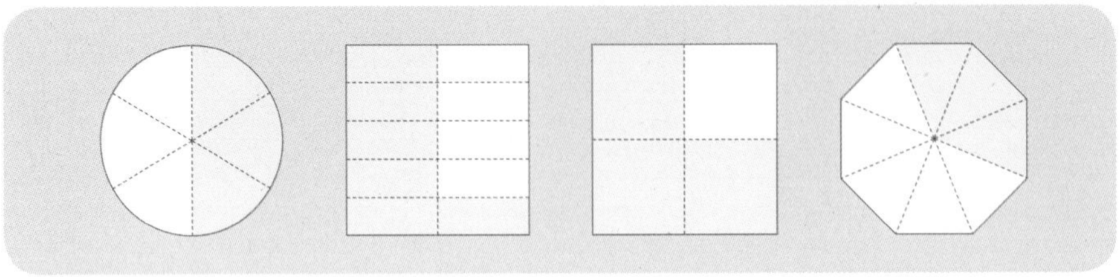

2 분수를 수직선에 ↓로 나타내어 보시오.

$\frac{2}{7}$ $\frac{7}{7}$ $\frac{13}{7}$

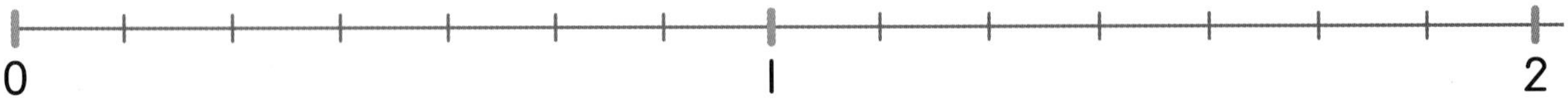

3 분수를 수직선에 ↓ 또는 ↑로 나타내고, 크기가 같은 두 분수에 ○표 하시오.

$\frac{3}{8}$ $\frac{5}{8}$ $\frac{6}{8}$ $\frac{1}{4}$ $\frac{2}{4}$ $\frac{3}{4}$

4 분수의 종류

621 여러 가지 분수

◐ 관계있는 것끼리 선으로 이으시오.

$\frac{6}{6}$	분자가 분모보다 작은 분수	가분수
$3\frac{1}{4}$	분자가 분모와 같거나 큰 분수	진분수
$\frac{3}{10}$	자연수와 진분수로 이루어진 분수	대분수

❶

$\frac{1}{8}$	분자가 분모보다 작은 분수	진분수
$\frac{11}{2}$	자연수와 진분수로 이루어진 분수	가분수
$1\frac{1}{2}$	분자가 분모와 같거나 큰 분수	대분수

❷

$\frac{7}{8}$	분자가 분모와 같거나 큰 분수	대분수
$1\frac{1}{8}$	분자가 분모보다 작은 분수	진분수
$\frac{8}{7}$	자연수와 진분수로 이루어진 분수	가분수

맞지 않는 것에 ×표 하시오.

$\frac{4}{7}$	~~$\frac{6}{4}$~~
~~$1\frac{1}{2}$~~	$\frac{3}{10}$

진분수

❶

$\frac{3}{2}$	$\frac{2}{3}$
$\frac{7}{7}$	$1\frac{1}{3}$

가분수

❷

$\frac{7}{3}$	$1\frac{6}{7}$
$\frac{4}{9}$	$2\frac{4}{5}$

대분수

❸

$\frac{11}{10}$	$\frac{11}{8}$
$\frac{8}{11}$	$1\frac{1}{8}$

가분수

❹

$\frac{5}{6}$	$\frac{4}{6}$
$1\frac{1}{6}$	$\frac{6}{6}$

진분수

❺

$\frac{2}{3}$	$3\frac{2}{3}$
$2\frac{2}{3}$	$\frac{3}{2}$

대분수

❻

$\frac{5}{5}$	$\frac{11}{5}$
$\frac{5}{11}$	$1\frac{1}{5}$

가분수

❼

$\frac{3}{7}$	$3\frac{1}{7}$
$3\frac{2}{7}$	$\frac{7}{3}$

대분수

❽

$\frac{8}{9}$	$\frac{9}{9}$
$1\frac{5}{9}$	$\frac{7}{9}$

진분수

622 분수 만들기

◐ 숫자 카드 중 두 장을 사용하여 만들 수 있는 진분수를 모두 찾아 ○표 하시오.

2 3 7

(○ $\frac{3}{7}$) $\frac{3}{2}$ (○ $\frac{2}{3}$) $\frac{7}{2}$ (○ $\frac{2}{7}$)

❶ 4 9 5

$\frac{9}{5}$ $\frac{4}{9}$ $\frac{4}{5}$ $\frac{9}{4}$ $\frac{5}{9}$

❷ 8 3 6

$\frac{3}{8}$ $\frac{8}{6}$ $\frac{3}{6}$ $\frac{6}{8}$ $\frac{8}{3}$

◐ 숫자 카드 중 두 장을 사용하여 만들 수 있는 가분수를 모두 찾아 ○표 하시오.

4 3 7

(○ $\frac{4}{3}$) $\frac{3}{7}$ (○ $\frac{7}{4}$) $\frac{4}{7}$ (○ $\frac{7}{3}$)

❸ 6 2 3

$\frac{3}{2}$ $\frac{6}{2}$ $\frac{2}{3}$ $\frac{3}{6}$ $\frac{6}{3}$

❹ 7 5 8

$\frac{5}{7}$ $\frac{8}{7}$ $\frac{7}{5}$ $\frac{8}{5}$ $\frac{7}{8}$

월 일

⊕ 숫자 카드 중 두 장을 사용하여 만들 수 있는 진분수와 가분수를 모두 쓰시오.

4 6 7 진분수 : $\frac{4}{6}$ $\frac{4}{7}$ $\frac{6}{7}$ 가분수 : $\frac{6}{4}$ $\frac{7}{4}$ $\frac{7}{6}$

❶ 3 5 4 진분수 : ______ 가분수 : ______

❷ 9 2 7 진분수 : ______ 가분수 : ______

❸ 8 3 5 진분수 : ______ 가분수 : ______

❹ 2 3 9 진분수 : ______ 가분수 : ______

❺ 4 6 2 진분수 : ______ 가분수 : ______

❻ 8 4 7 진분수 : ______ 가분수 : ______

623 분수 수수께끼

◐ 분수를 보고 맞으면 ○표, 틀리면 ×표 하시오.

$\frac{4}{7}$		
	분자가 분모보다 작습니다.	(○)
	분모는 4입니다.	(×)
	대분수입니다.	(×)

❶

$\frac{9}{7}$		
	분자와 분모의 차가 3입니다.	(　　)
	1보다 큽니다.	(　　)
	진분수입니다.	(　　)

❷

$\frac{9}{9}$		
	분자와 분모의 합이 16입니다.	(　　)
	1과 크기가 같습니다.	(　　)
	분자가 분모와 같거나 큽니다.	(　　)

❸

$\frac{4}{8}$		
	분모가 분자의 2배입니다.	(　　)
	$\frac{1}{2}$과 크기가 같습니다.	(　　)
	가분수입니다.	(　　)

❹

$\frac{7}{6}$		
	분자와 분모의 차가 1입니다.	(　　)
	1보다 작습니다.	(　　)
	분자와 분모의 합이 13입니다.	(　　)

나는 얼마입니까?

$\frac{5}{5}$

- 분자와 분모의 합이 10입니다.
- 분자와 분모가 같습니다.

❶ ☐

- 분자와 분모의 차가 5입니다.
- $\frac{1}{2}$과 크기가 같습니다.

❷ ☐

- 분모가 7인 가분수입니다.
- 분자와 분모의 차가 2입니다.

❸ ☐

- 분자가 3인 진분수입니다.
- 분자와 분모의 차가 6입니다.

❹ ☐

- 분자와 분모의 차가 1입니다.
- 분자와 분모의 합이 11인 가분수입니다.

❺ ☐

- 분자와 분모의 합이 18입니다.
- 1과 크기가 같습니다.

624 조건과 분수

◐ 조건에 맞는 분수에 모두 ○표 하시오.

조건

분모가 7인 진분수

$\frac{5}{7}$ (○) $\frac{6}{8}$ $\frac{9}{7}$ $\frac{7}{7}$ $\frac{6}{7}$ (○)

❶ **조건**

분자가 6인 가분수

$\frac{6}{8}$ $\frac{6}{6}$ $\frac{6}{7}$ $\frac{6}{5}$ $\frac{7}{6}$

❷ **조건**

1과 크기가 같은 가분수

$\frac{3}{3}$ $\frac{4}{3}$ $\frac{4}{4}$ $\frac{4}{5}$ $\frac{5}{4}$

❸ **조건**

분자와 분모의 합이 10인 진분수

$\frac{3}{7}$ $\frac{8}{2}$ $\frac{1}{9}$ $\frac{1}{10}$ $\frac{5}{5}$

❹ **조건**

분자와 분모의 차가 1인 가분수

$\frac{5}{6}$ $\frac{7}{6}$ $\frac{6}{7}$ $\frac{7}{7}$ $\frac{8}{7}$

❺ **조건**

분모가 4인 진분수

$\frac{7}{4}$ $\frac{3}{4}$ $\frac{5}{4}$ $\frac{6}{4}$ $\frac{2}{4}$

◆ 조건에 맞는 분수를 모두 쓰시오.

분모가 5인 진분수

$\frac{1}{5}$ $\frac{2}{5}$ $\frac{3}{5}$ $\frac{4}{5}$

❶ 분자가 4인 가분수

❷ 분자와 분모의 합이 9인 진분수

❸ 분자와 분모의 합이 8인 가분수

❹ 분자와 분모의 차가 1이고 분모와 분자의 합이 10보다 작은 진분수

❺ 분자와 분모의 합이 5보다 작은 진분수

❻ 분모와 분자의 합이 6인 진분수

❼ 분모는 6보다 작고 분자는 2보다 큰 진분수

❽ 분모는 4보다 크고 분자는 7보다 작은 가분수

❾ 분모와 분자의 합이 10, 차가 2인 분수

잘 공부했는지 알아봅시다

월 일

1 진분수는 ○표, 가분수는 △표 하시오.

$2\frac{1}{3}$ $\frac{8}{3}$ $\frac{4}{7}$ $1\frac{1}{2}$

$\frac{10}{7}$ $\frac{3}{4}$ $\frac{7}{10}$ $\frac{5}{5}$

2 자연수와 진분수로 이루어진 분수를 대분수라 합니다. 오른쪽 분수가 대분수가 아닌 이유를 쓰시오.

$9\frac{6}{5}$

3 숫자 카드 중에서 두 장을 사용하여 만들 수 있는 진분수를 세 개 쓰시오.

7	4	6

4 나는 얼마입니까?

- 나는 분자가 7인 가분수입니다.
- 나는 분자와 분모의 합이 12입니다.

5 분수 덧셈

625 그림과 분수 덧셈

◐ 더하는 분수만큼 색칠하고, □ 안에 알맞은 수를 써넣으시오.

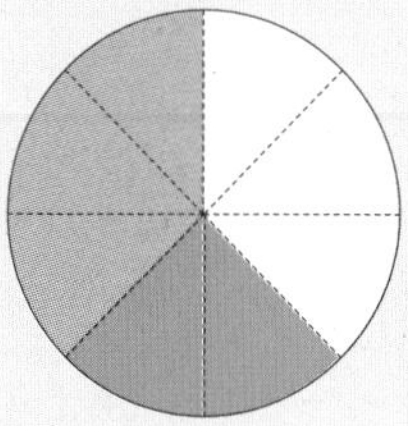

$$\frac{3}{8}+\frac{2}{8}=\frac{5}{8}$$

❶

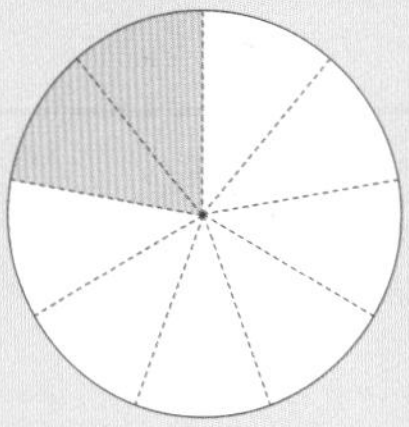

$$\frac{2}{9}+\frac{5}{9}=\frac{\square}{9}$$

❷

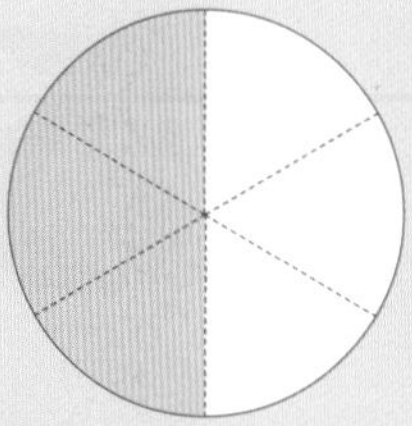

$$\frac{3}{6}+\frac{1}{6}=\frac{\square}{6}$$

❸

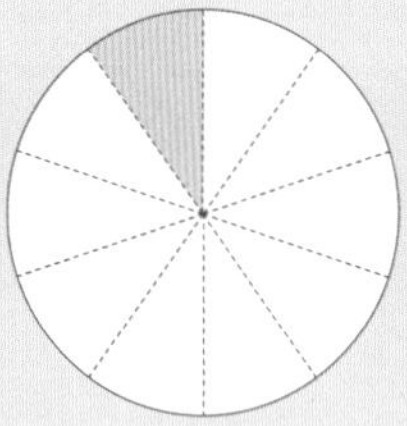

$$\frac{1}{10}+\frac{3}{10}=\frac{\square}{10}$$

❹

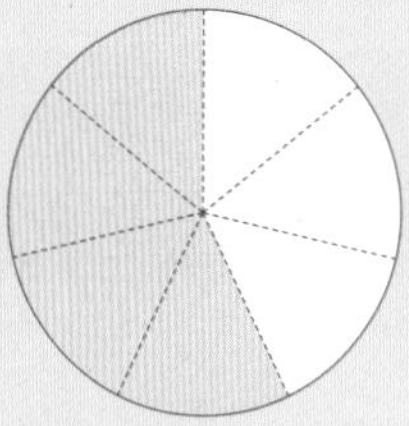

$$\frac{4}{7}+\frac{2}{7}=\frac{\square}{7}$$

❺

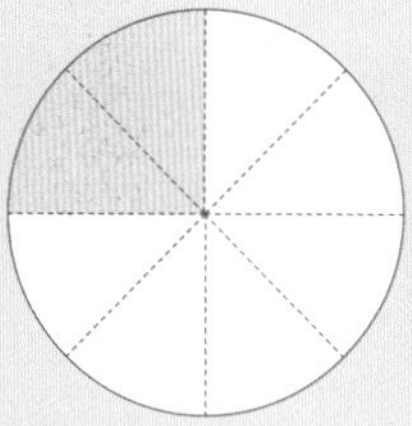

$$\frac{2}{8}+\frac{5}{8}=\frac{\square}{8}$$

❻

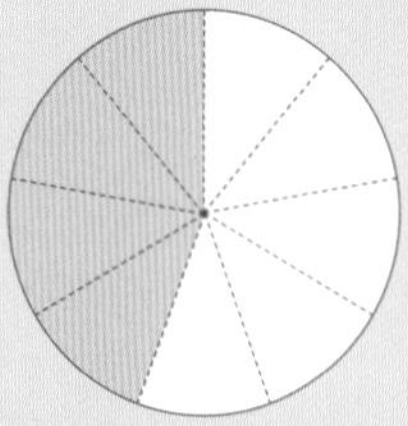

$$\frac{4}{9}+\frac{2}{9}=\frac{\square}{9}$$

❼

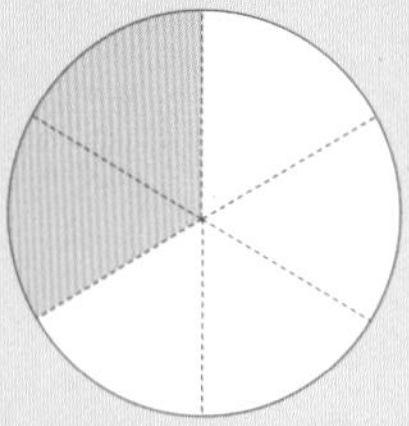

$$\frac{2}{6}+\frac{3}{6}=\frac{\square}{6}$$

❽

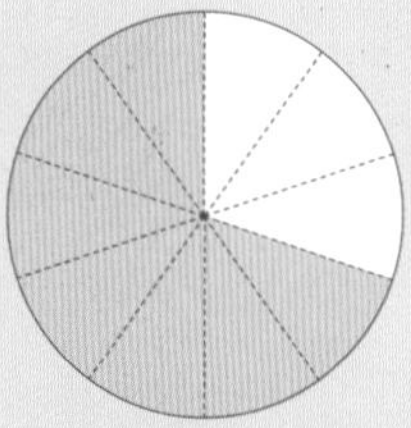

$$\frac{7}{10}+\frac{1}{10}=\frac{\square}{10}$$

⊕ 더하는 분수만큼 색칠하고, □ 안에 알맞은 수를 써넣으시오.

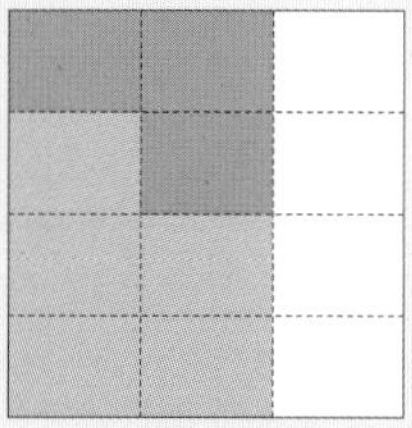

$$\frac{5}{12}+\frac{3}{12}=\frac{8}{12}$$

❶

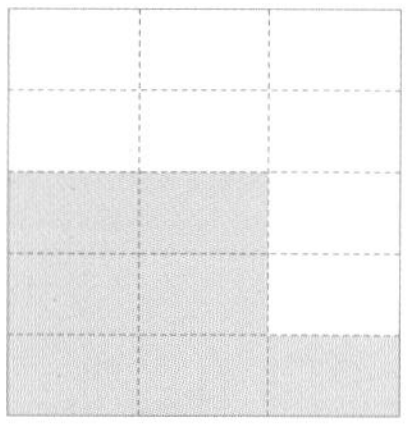

$$\frac{\square}{15}+\frac{4}{15}=\frac{\square}{\square}$$

❷

$$\frac{\square}{9}+\frac{3}{9}=\frac{\square}{\square}$$

❸

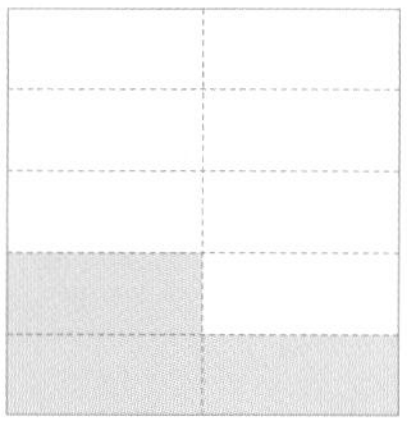

$$\frac{\square}{10}+\frac{5}{10}=\frac{\square}{\square}$$

❹

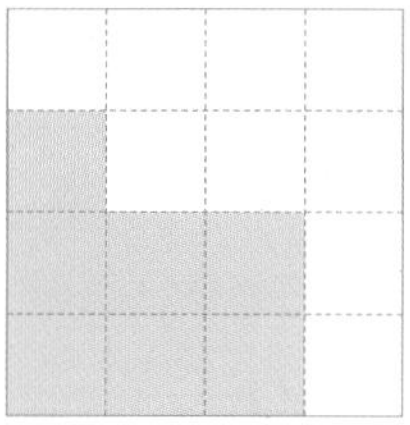

$$\frac{\square}{16}+\frac{5}{16}=\frac{\square}{\square}$$

❺

$$\frac{\square}{12}+\frac{4}{12}=\frac{\square}{\square}$$

626 단위분수와 분수 덧셈

◐ □ 안에 알맞은 수를 써넣으시오.

$\frac{3}{5}$은 $\frac{1}{5}$이 $\boxed{3}$개

$\frac{4}{5}$는 $\frac{1}{5}$이 $\boxed{4}$개

$\frac{3}{5}+\frac{4}{5}$는 $\frac{1}{5}$이 $\boxed{7}$개

$$\frac{3}{5}+\frac{4}{5}=\frac{\boxed{7}}{\boxed{5}}$$

❶

$\frac{4}{11}$는 $\frac{1}{11}$이 □개

$\frac{5}{11}$는 $\frac{1}{11}$이 □개

$\frac{4}{11}+\frac{5}{11}$는 $\frac{1}{11}$이 □개

$$\frac{4}{11}+\frac{5}{11}=\frac{\square}{\square}$$

❷

$\frac{3}{8}$은 $\frac{1}{8}$이 □개

$\frac{6}{8}$은 $\frac{1}{8}$이 □개

$\frac{3}{8}+\frac{6}{8}$은 $\frac{1}{8}$이 □개

$$\frac{3}{8}+\frac{6}{8}=\frac{\square}{\square}$$

❸

$\frac{5}{9}$는 $\frac{1}{9}$이 □개

$\frac{7}{9}$은 $\frac{1}{9}$이 □개

$\frac{5}{9}+\frac{7}{9}$은 $\frac{1}{9}$이 □개

$$\frac{5}{9}+\frac{7}{9}=\frac{\square}{\square}$$

◆ □ 안에 알맞은 수를 써넣으시오.

$$\frac{3}{6}+\frac{5}{6}=\frac{\boxed{3}+\boxed{5}}{6}=\frac{\boxed{8}}{\boxed{6}}$$

❶ $\frac{2}{9}+\frac{8}{9}=\frac{\square+\square}{9}=\frac{\square}{\square}$

❷ $\frac{2}{5}+\frac{4}{5}=\frac{\square+\square}{5}=\frac{\square}{\square}$

❸ $\frac{7}{6}+\frac{8}{6}=\frac{\square+\square}{6}=\frac{\square}{\square}$

❹ $\frac{4}{9}+\frac{7}{9}=\frac{\square+\square}{9}=\frac{\square}{\square}$

❺ $\frac{1}{7}+\frac{6}{7}=\frac{\square+\square}{7}=\frac{\square}{\square}$

❻ $\frac{9}{11}+\frac{8}{11}=\frac{\square+\square}{11}=\frac{\square}{\square}$

❼ $\frac{6}{8}+\frac{5}{8}=\frac{\square+\square}{8}=\frac{\square}{\square}$

❽ $\frac{10}{9}+\frac{10}{9}=\frac{\square+\square}{9}=\frac{\square}{\square}$

❾ $\frac{5}{12}+\frac{11}{12}=\frac{\square+\square}{12}=\frac{\square}{\square}$

627 수직선과 분수 덧셈

◑ 수직선의 빈칸에 알맞은 수를 쓰고 덧셈식을 완성하시오.

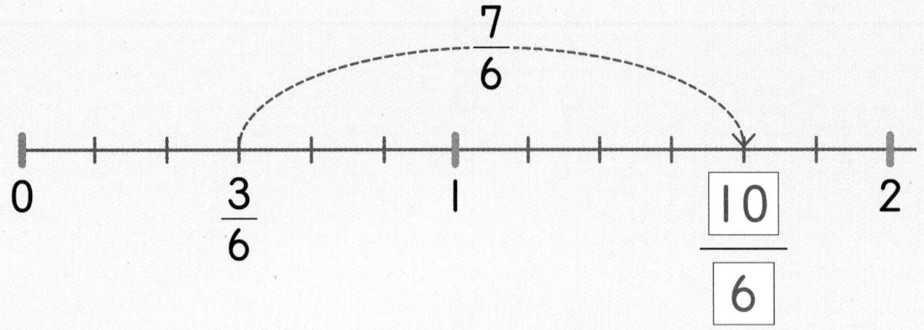

$$\frac{3}{6}+\frac{7}{6}=\frac{10}{6}$$

❶

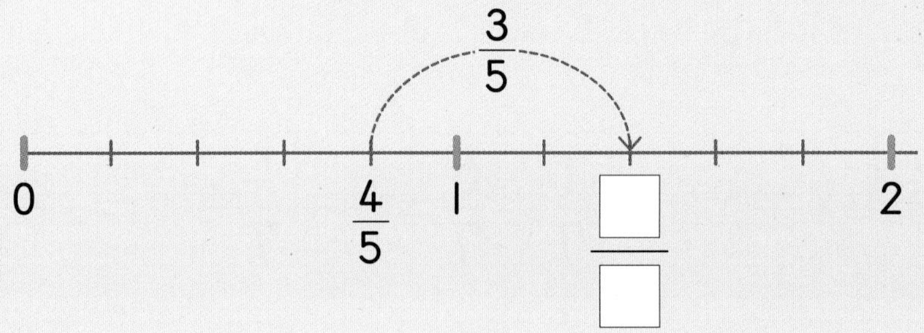

$$\frac{4}{5}+\frac{3}{5}=\frac{\square}{\square}$$

❷

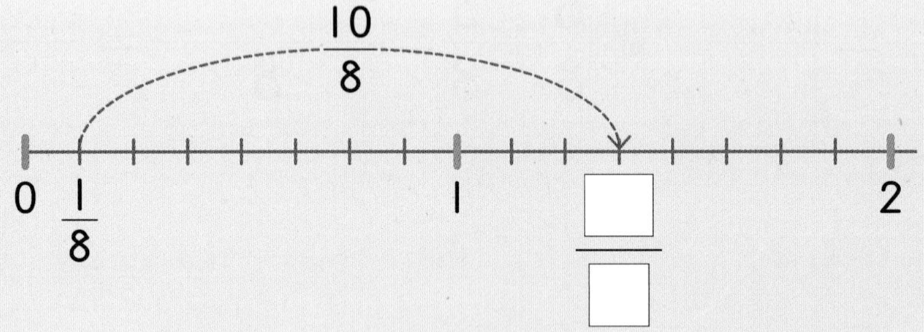

$$\frac{1}{8}+\frac{10}{8}=\frac{\square}{\square}$$

❸

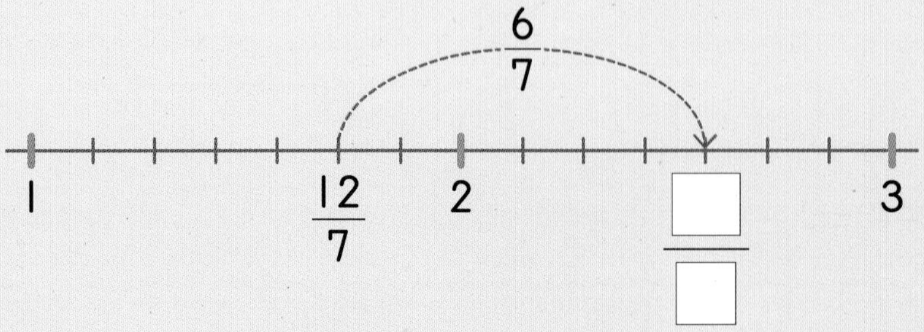

$$\frac{12}{7}+\frac{6}{7}=\frac{\square}{\square}$$

⊕ 수직선의 빈칸에 알맞은 수를 쓰고 덧셈식을 완성하시오.

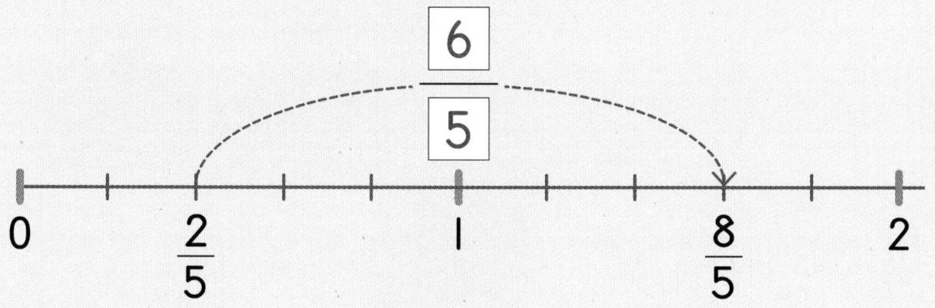

$$\frac{2}{5}+\frac{6}{5}=\frac{8}{5}$$

❶

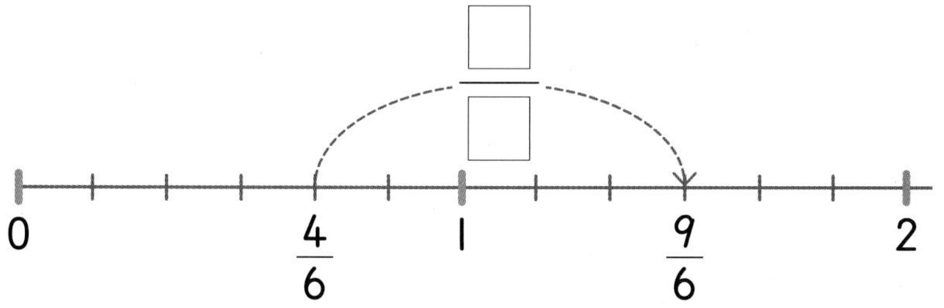

$$\frac{4}{6}+\frac{\square}{\square}=\frac{9}{6}$$

❷

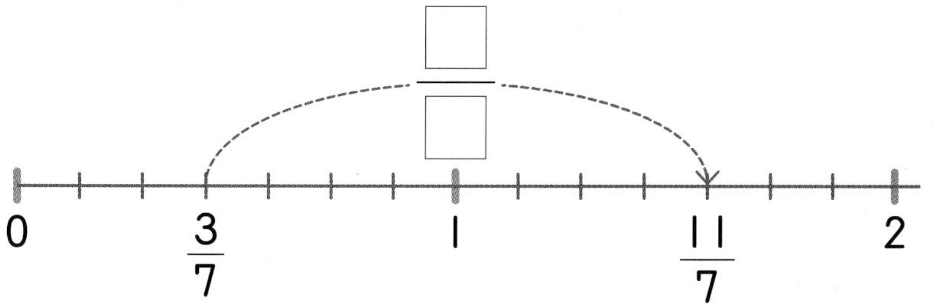

$$\frac{3}{7}+\frac{\square}{\square}=\frac{11}{7}$$

❸

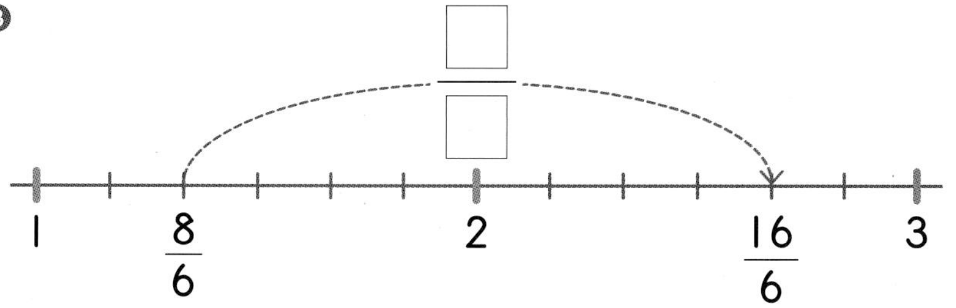

$$\frac{8}{6}+\frac{\square}{\square}=\frac{16}{6}$$

628 분수 덧셈표

◐ 빈칸에 알맞은 분수를 써넣으시오.

+	$\frac{1}{7}$	$\frac{5}{7}$
$\frac{4}{7}$	$\frac{5}{7}$	$\frac{9}{7}$
$\frac{3}{7}$	$\frac{4}{7}$	$\frac{8}{7}$

❶

+	$\frac{7}{11}$	$\frac{4}{11}$
$\frac{1}{11}$		
$\frac{5}{11}$		

❷

+	$\frac{3}{8}$	$\frac{6}{8}$
$\frac{2}{8}$		
$\frac{5}{8}$		

❸

+	$\frac{4}{6}$	$\frac{1}{6}$
$\frac{3}{6}$		
$\frac{2}{6}$		

❹

+	$\frac{4}{9}$	$\frac{6}{9}$
$\frac{1}{9}$		
$\frac{8}{9}$		

❺

+	$\frac{2}{10}$	$\frac{3}{10}$
$\frac{7}{10}$		
$\frac{5}{10}$		

◆ 빈칸에 알맞은 분수를 써넣으시오.

+	$\frac{6}{8}$	$\frac{4}{8}$
$\frac{3}{8}$	$\frac{9}{8}$	$\frac{7}{8}$
$\frac{1}{8}$	$\frac{7}{8}$	$\frac{5}{8}$

❶

+	$\frac{7}{12}$	
	$\frac{13}{12}$	
$\frac{4}{12}$		$\frac{9}{12}$

❷

+	$\frac{3}{5}$	
	$\frac{4}{5}$	
$\frac{2}{5}$		$\frac{8}{5}$

❸

+		$\frac{5}{9}$
$\frac{4}{9}$	$\frac{10}{9}$	
		$\frac{13}{9}$

❹

+		$\frac{1}{11}$
		$\frac{10}{11}$
$\frac{7}{11}$	$\frac{13}{11}$	

❺

+	$\frac{3}{8}$	
$\frac{6}{8}$		$\frac{13}{8}$
	$\frac{7}{8}$	

잘 공부했는지 알아봅시다

월 일

1 □ 안에 알맞은 수를 써넣으시오.

$\frac{3}{9}+\frac{7}{9}$은 $\frac{1}{9}$이 □개이므로 $\frac{3}{9}+\frac{7}{9}=\frac{\square}{9}$

2 수직선에 ↓가 나타내는 분수를 쓰고, 두 수의 합을 대분수로 나타내시오.

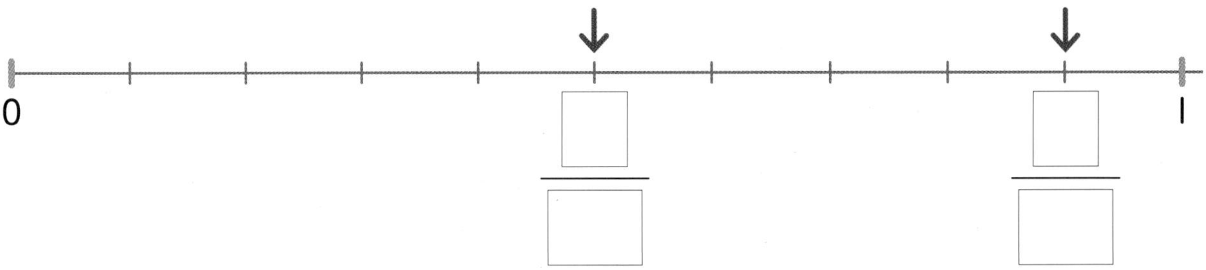

3 빈칸에 알맞은 분수를 써넣으시오.

❶

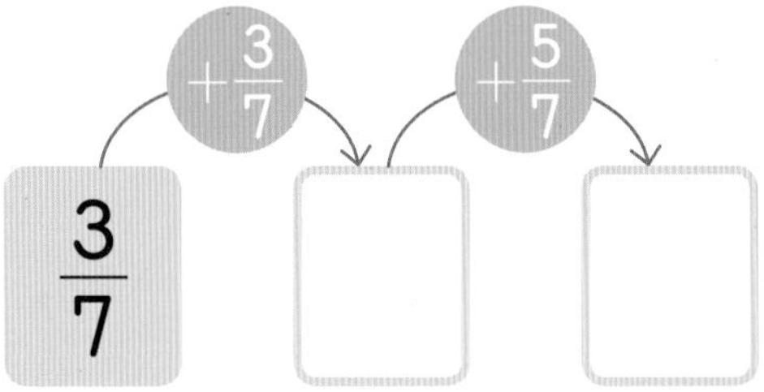

❷

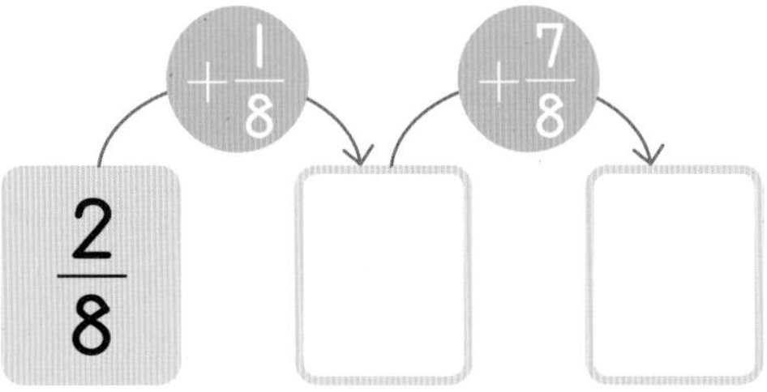

4 분모가 3인 두 진분수의 합을 자연수로 나타내시오.

6 분수 뺄셈

629 그림과 분수 뺄셈

◐ 빼는 분수만큼 ×표 하고, □ 안에 알맞은 수를 써넣으시오.

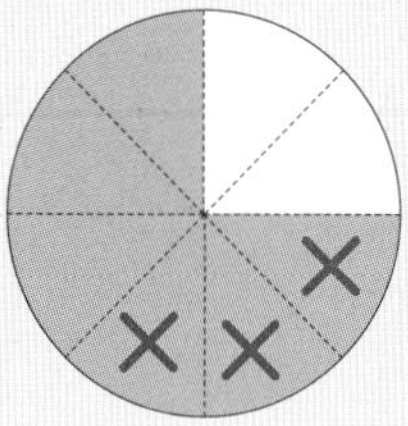

$\frac{6}{8}-\frac{3}{8}=\frac{\boxed{3}}{8}$

❶

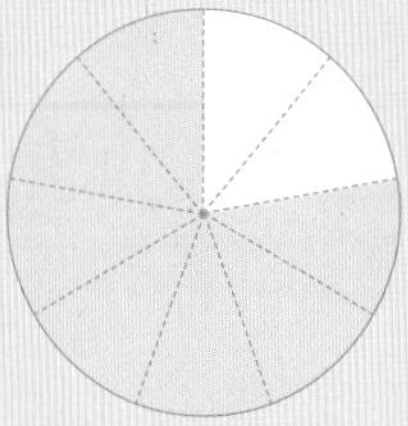

$\frac{7}{9}-\frac{5}{9}=\frac{\square}{9}$

❷

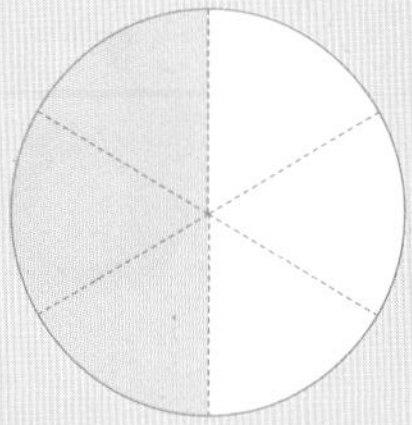

$\frac{3}{6}-\frac{1}{6}=\frac{\square}{6}$

❸

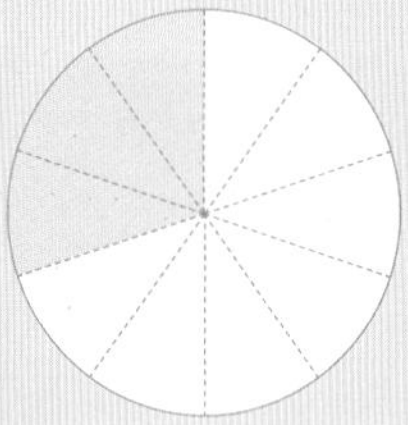

$\frac{3}{10}-\frac{2}{10}=\frac{\square}{10}$

❹

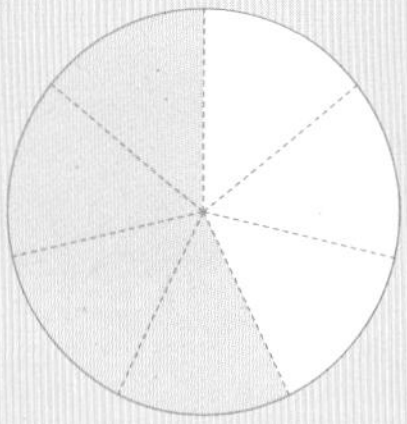

$\frac{4}{7}-\frac{2}{7}=\frac{\square}{7}$

❺

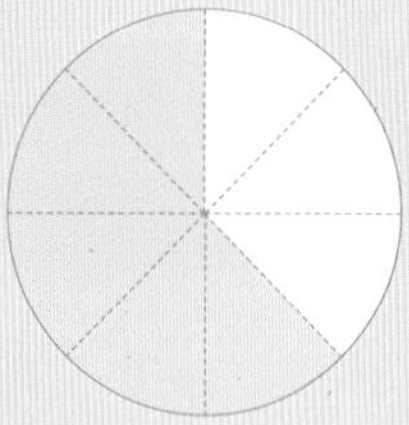

$\frac{5}{8}-\frac{4}{8}=\frac{\square}{8}$

❻

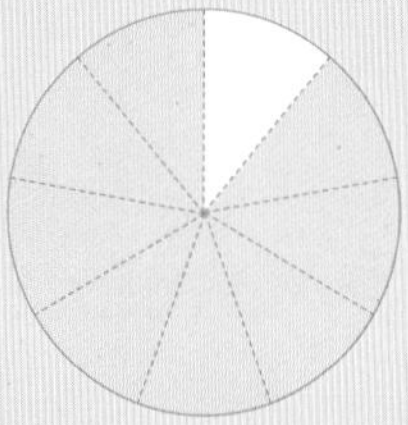

$\frac{8}{9}-\frac{3}{9}=\frac{\square}{9}$

❼

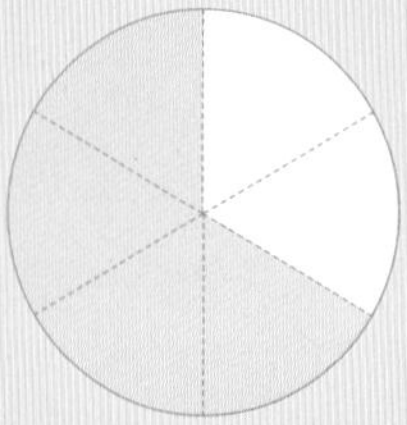

$\frac{4}{6}-\frac{1}{6}=\frac{\square}{6}$

❽

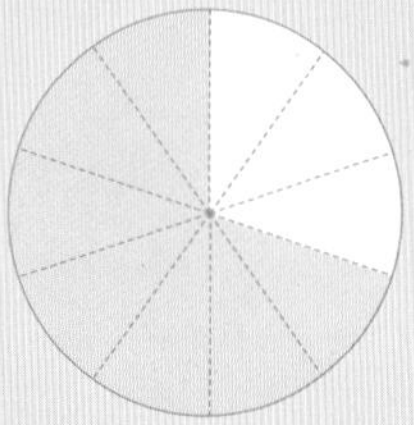

$\frac{7}{10}-\frac{5}{10}=\frac{\square}{10}$

⊕ 빼는 분수만큼 ×표 하고, □ 안에 알맞은 수를 써넣으시오.

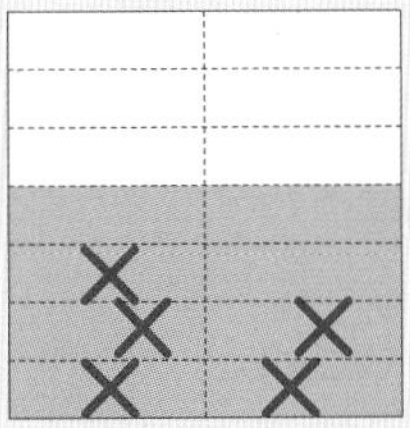

$$\frac{\boxed{8}}{14}-\frac{5}{14}=\frac{\boxed{3}}{\boxed{14}}$$

❶

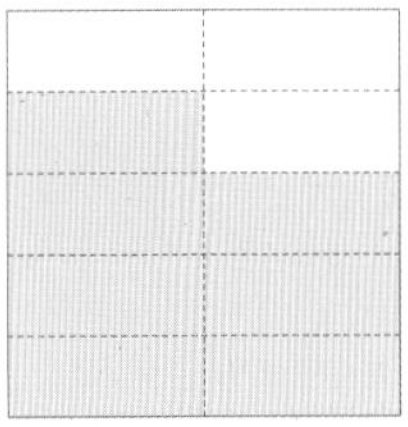

$$\frac{\square}{10}-\frac{6}{10}=\frac{\square}{\square}$$

❷

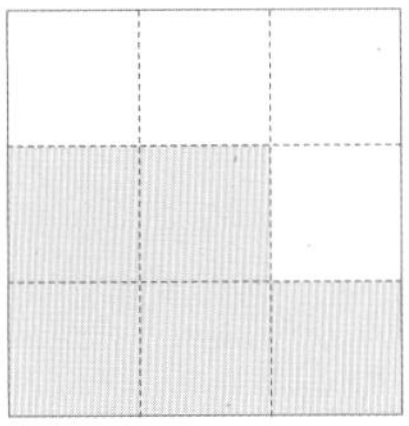

$$\frac{\square}{9}-\frac{3}{9}=\frac{\square}{\square}$$

❸

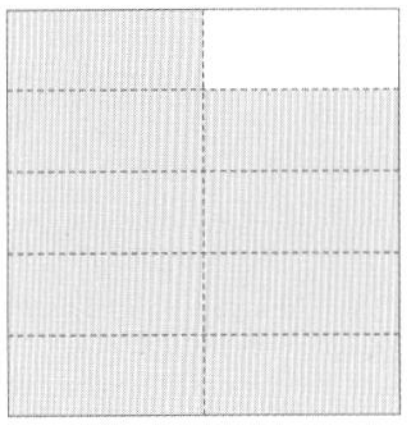

$$\frac{\square}{10}-\frac{6}{10}=\frac{\square}{\square}$$

❹

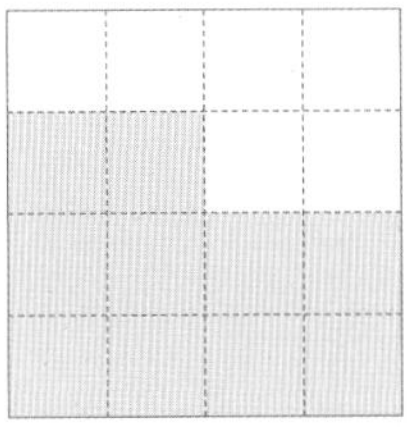

$$\frac{\square}{16}-\frac{4}{16}=\frac{\square}{\square}$$

❺

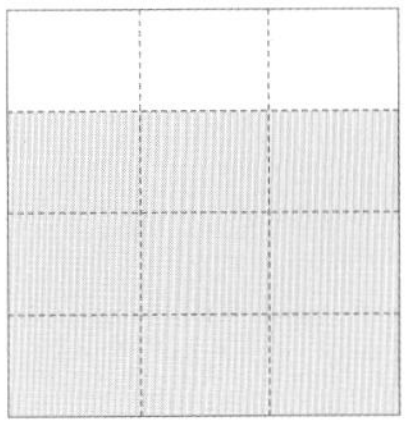

$$\frac{\square}{12}-\frac{8}{12}=\frac{\square}{\square}$$

630 단위분수와 분수 뺄셈

◐ □ 안에 알맞은 수를 써넣으시오.

$\frac{9}{8}$는 $\frac{1}{8}$이 9 개

$\frac{4}{8}$는 $\frac{1}{8}$이 4 개

$\frac{9}{8}-\frac{4}{8}$는 $\frac{1}{8}$이 5 개

$$\frac{9}{8}-\frac{4}{8}=\frac{5}{8}$$

❶

$\frac{7}{4}$은 $\frac{1}{4}$이 □ 개

$\frac{2}{4}$는 $\frac{1}{4}$이 □ 개

$\frac{7}{4}-\frac{2}{4}$는 $\frac{1}{4}$이 □ 개

$$\frac{7}{4}-\frac{2}{4}=\frac{\square}{\square}$$

❷

$\frac{8}{11}$은 $\frac{1}{11}$이 □ 개

$\frac{6}{11}$은 $\frac{1}{11}$이 □ 개

$\frac{8}{11}-\frac{6}{11}$은 $\frac{1}{11}$이 □ 개

$$\frac{8}{11}-\frac{6}{11}=\frac{\square}{\square}$$

❸

$\frac{7}{9}$은 $\frac{1}{9}$이 □ 개

$\frac{3}{9}$은 $\frac{1}{9}$이 □ 개

$\frac{7}{9}-\frac{3}{9}$은 $\frac{1}{9}$이 □ 개

$$\frac{7}{9}-\frac{3}{9}=\frac{\square}{\square}$$

월 일

□ 안에 알맞은 수를 써넣으시오.

$\frac{4}{5}-\frac{2}{5}=\frac{\boxed{4}-\boxed{2}}{5}=\frac{\boxed{2}}{\boxed{5}}$

❶ $\frac{6}{7}-\frac{1}{7}=\frac{\square-\square}{7}=\frac{\square}{\square}$

❷ $\frac{9}{8}-\frac{4}{8}=\frac{\square-\square}{8}=\frac{\square}{\square}$

❸ $\frac{8}{6}-\frac{5}{6}=\frac{\square-\square}{6}=\frac{\square}{\square}$

❹ $\frac{7}{7}-\frac{3}{7}=\frac{\square-\square}{7}=\frac{\square}{\square}$

❺ $\frac{5}{9}-\frac{2}{9}=\frac{\square-\square}{9}=\frac{\square}{\square}$

❻ $\frac{12}{13}-\frac{8}{13}=\frac{\square-\square}{13}=\frac{\square}{\square}$

❼ $\frac{8}{8}-\frac{6}{8}=\frac{\square-\square}{8}=\frac{\square}{\square}$

❽ $\frac{11}{10}-\frac{6}{10}=\frac{\square-\square}{10}=\frac{\square}{\square}$

❾ $\frac{7}{6}-\frac{4}{6}=\frac{\square-\square}{6}=\frac{\square}{\square}$

❿ $\frac{9}{12}-\frac{1}{12}=\frac{\square-\square}{12}=\frac{\square}{\square}$

⓫ $\frac{6}{7}-\frac{1}{7}=\frac{\square-\square}{7}=\frac{\square}{\square}$

631 수직선과 분수 뺄셈

◐ 수직선의 빈칸에 알맞은 수를 쓰고 뺄셈식을 완성하시오.

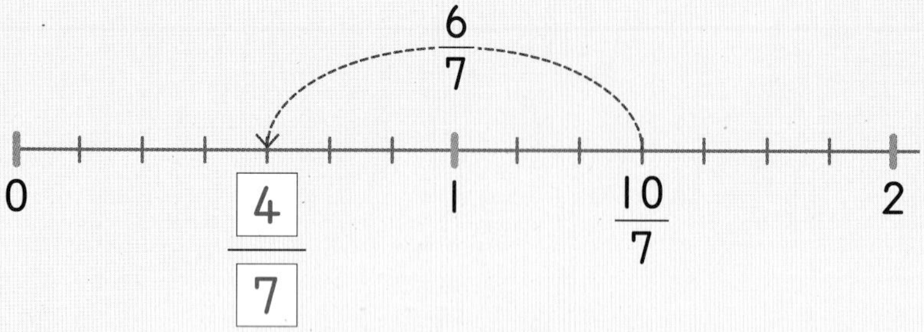

$$\frac{10}{7}-\frac{6}{7}=\frac{4}{7}$$

❶

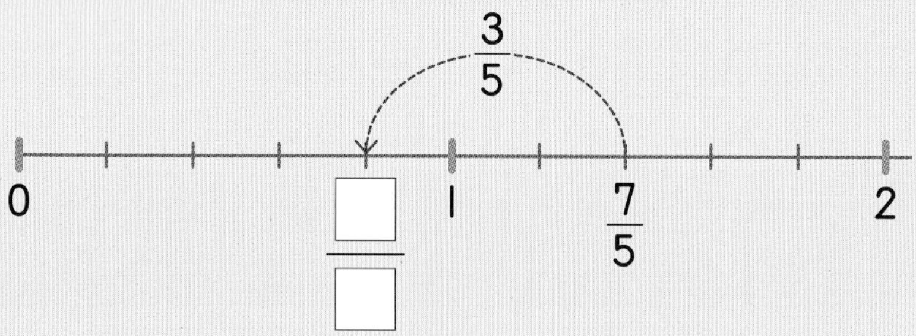

$$\frac{7}{5}-\frac{3}{5}=\frac{\square}{\square}$$

❷

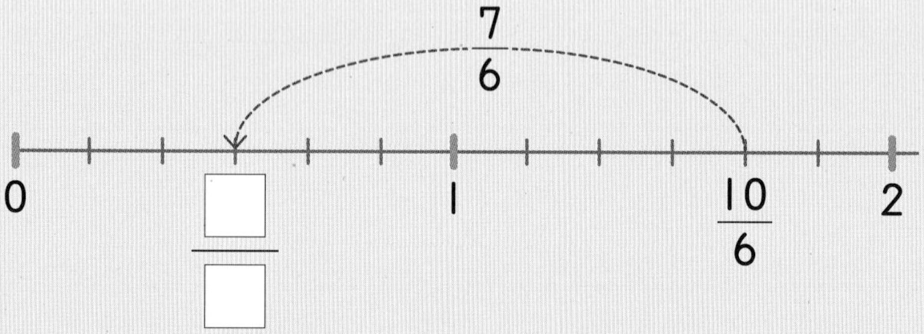

$$\frac{10}{6}-\frac{7}{6}=\frac{\square}{\square}$$

❸

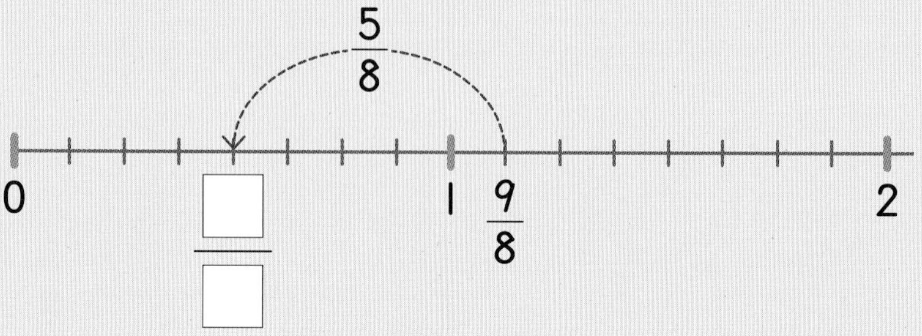

$$\frac{9}{8}-\frac{5}{8}=\frac{\square}{\square}$$

⊕ 수직선의 빈칸에 알맞은 수를 쓰고 뺄셈식을 완성하시오.

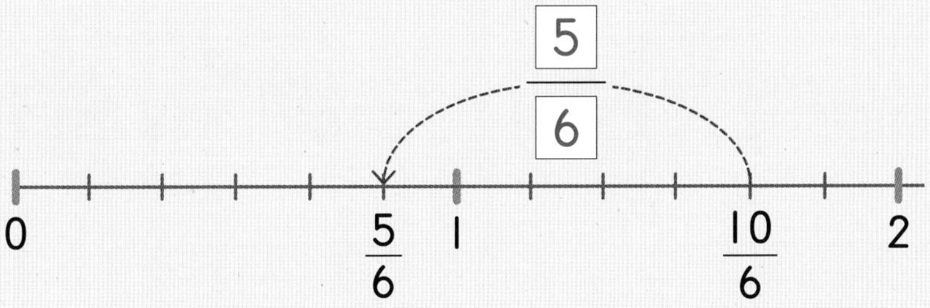

$\frac{10}{6} - \frac{5}{6} = \frac{5}{6}$

❶

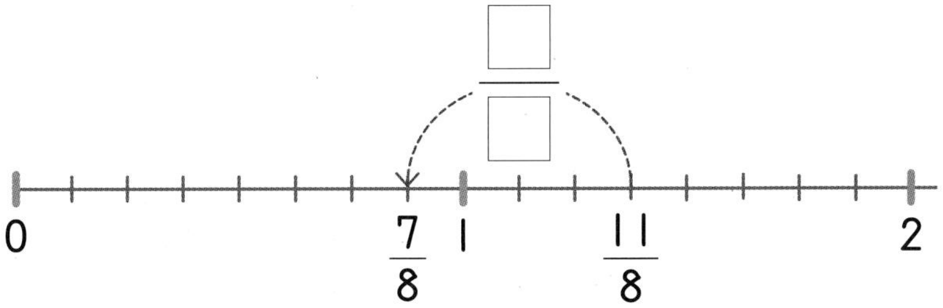

$\frac{11}{8} - \frac{\square}{\square} = \frac{7}{8}$

❷

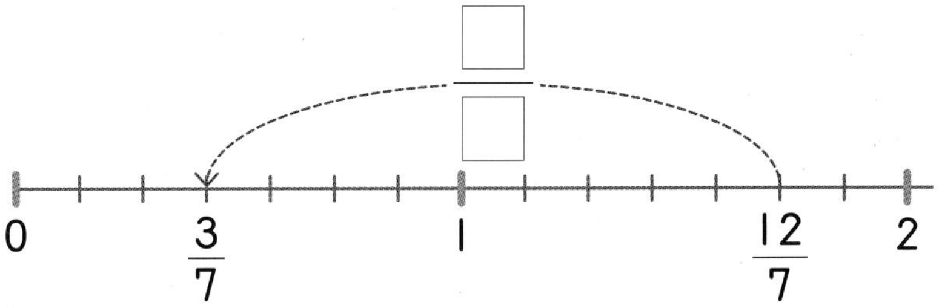

$\frac{12}{7} - \frac{\square}{\square} = \frac{3}{7}$

❸

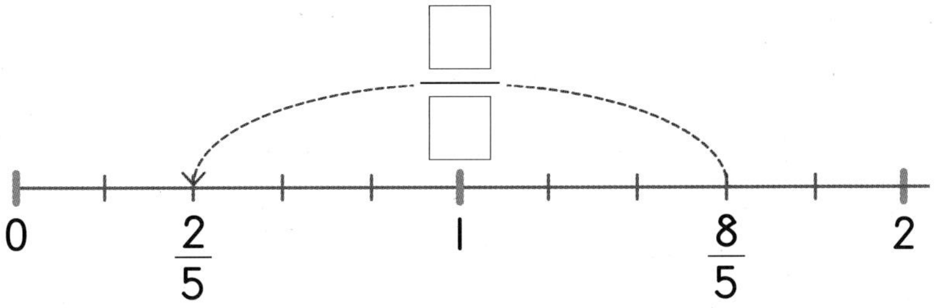

$\frac{8}{5} - \frac{\square}{\square} = \frac{2}{5}$

분수 하우스

◐ 뺄셈을 하여 빈칸에 알맞은 수를 써넣으시오.

$-\frac{3}{9}$	
$\frac{7}{9}$	$\frac{4}{9}$
$\frac{11}{9}$	$\frac{8}{9}$
$\frac{9}{9}$	$\frac{6}{9}$

❶

$-\frac{1}{8}$	
$\frac{4}{8}$	
$\frac{14}{8}$	
$\frac{6}{8}$	

❷

$-\frac{6}{7}$	
$\frac{10}{7}$	
$\frac{8}{7}$	
$\frac{12}{7}$	

❸

$-\frac{1}{5}$	
$\frac{6}{5}$	
$\frac{4}{5}$	
$\frac{3}{5}$	

❹

$-\frac{4}{11}$	
$\frac{10}{11}$	
$\frac{9}{11}$	
$\frac{16}{11}$	

❺

$-\frac{2}{12}$	
$\frac{7}{12}$	
$\frac{15}{12}$	
$\frac{6}{12}$	

◆ 빈칸에 알맞은 수를 써넣으시오.

보기

$-\frac{4}{10}$	
$\frac{7}{10}$	$\frac{3}{10}$
$\frac{20}{10}$	$\frac{16}{10}$
$\frac{11}{10}$	$\frac{7}{10}$

❶

$-$ ○	
□	$\frac{11}{13}$
$\frac{11}{13}$	$\frac{5}{13}$
$\frac{9}{13}$	□

❷

$-$ ○	
$\frac{15}{9}$	□
□	$\frac{7}{9}$
$\frac{8}{9}$	$\frac{3}{9}$

❸

$-$ ○	
□	$\frac{7}{8}$
$\frac{14}{8}$	$\frac{11}{8}$
$\frac{6}{8}$	□

❹

$-$ ○	
$\frac{9}{7}$	□
□	$\frac{13}{7}$
$\frac{6}{7}$	$\frac{5}{7}$

❺

$-$ ○	
$\frac{19}{11}$	$\frac{12}{11}$
$\frac{10}{11}$	□
□	$\frac{1}{11}$

잘 공부했는지 알아봅시다

월　일

1 □ 안에 알맞은 수를 써넣으시오.

$\frac{7}{8}-\frac{3}{8}$은 $\frac{1}{8}$이 □개이므로 $\frac{7}{8}-\frac{3}{8}=\frac{\square}{8}$

2 계산이 바르게 된 것에 ○표 하시오.

$\frac{4}{7}-\frac{1}{7}=\frac{2}{7}$　　$\frac{5}{6}-\frac{4}{6}=\frac{1}{6}$　　$\frac{6}{9}-\frac{3}{9}=\frac{3}{8}$　　$\frac{4}{5}-\frac{3}{5}=\frac{7}{5}$

3 빈칸에 알맞은 분수를 써넣으시오.

❶ $-\frac{4}{7}$

$\frac{6}{7}$	$\frac{12}{7}$

❷ $-\frac{5}{9}$

$\frac{12}{9}$	$\frac{8}{9}$

4 □ 안에 알맞은 수를 써넣으시오.

❶ $\frac{8}{7}-\frac{\square}{\square}=\frac{4}{7}$

❷ $\frac{\square}{\square}-\frac{1}{8}=\frac{4}{8}$

7 가분수 대분수

633 가분수로 나타내기

◐ 대분수와 가분수로 나타내려고 합니다. □ 안에 알맞은 수를 써넣으시오.

$2\frac{5}{6}$

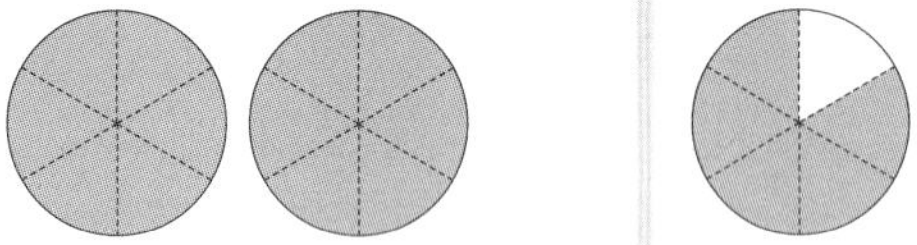

$2=\frac{12}{6}$ $\quad \frac{5}{6}$

$2\frac{5}{6}=\boxed{2}+\frac{5}{6}$

$=\frac{\boxed{12}}{6}+\frac{\boxed{5}}{6}=\frac{\boxed{17}}{6}$

❶

$3\frac{3}{4}$

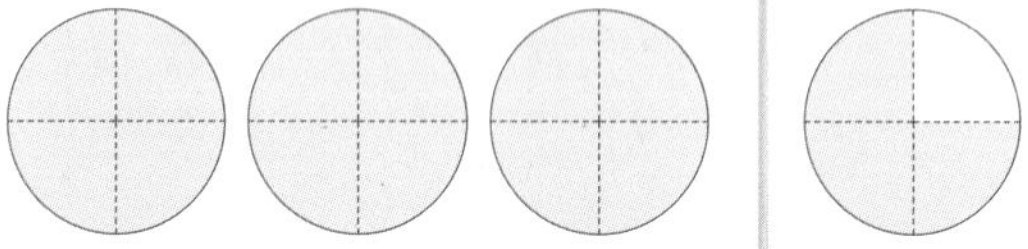

$3=\frac{\square}{4}$ $\quad \frac{\square}{4}$

$3\frac{3}{4}=\square+\frac{3}{4}$

$=\frac{\square}{4}+\frac{\square}{4}=\frac{\square}{4}$

❷

$3\frac{2}{3}$

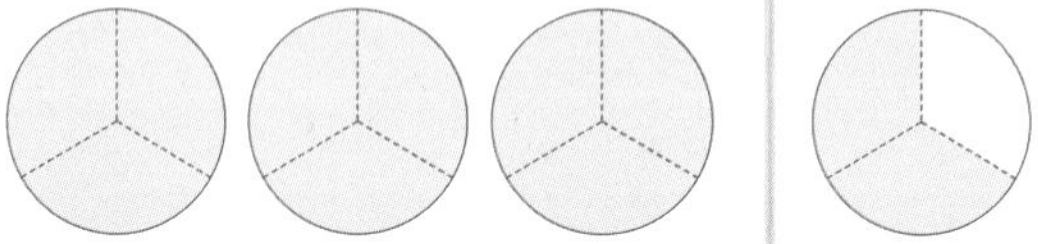

$3=\frac{\square}{3}$ $\quad \frac{\square}{3}$

$3\frac{2}{3}=\square+\frac{2}{3}$

$=\frac{\square}{3}+\frac{\square}{3}=\frac{\square}{3}$

◆ 보기와 같이 ▮ 안의 대분수를 가분수로 나타내시오.

보기

$5\frac{3}{7}$

$$5\frac{3}{7}=5+\frac{3}{7}=\frac{35}{7}+\frac{3}{7}=\frac{38}{7}$$

❶ $2\frac{1}{5}$

❷ $3\frac{3}{8}$

❸ $4\frac{1}{3}$

❹ $2\frac{3}{4}$

❺ $5\frac{5}{8}$

634 대분수로 나타내기

◐ 가분수만큼 색칠하고, 대분수로 나타내시오.

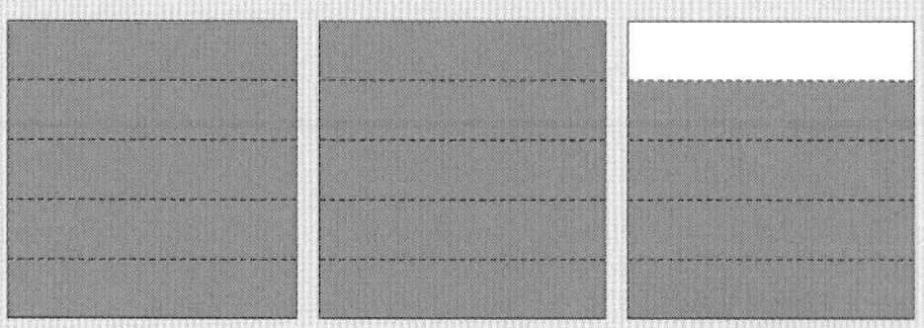

$$\frac{14}{5} = \boxed{2}\,\frac{\boxed{4}}{\boxed{5}}$$

❶

$$\frac{9}{4} = \square\,\frac{\square}{\square}$$

❷

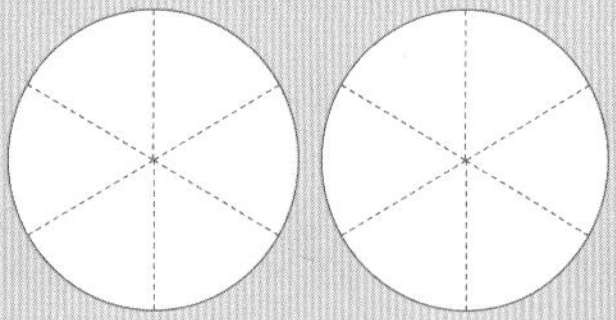

$$\frac{11}{6} = \square\,\frac{\square}{\square}$$

❸

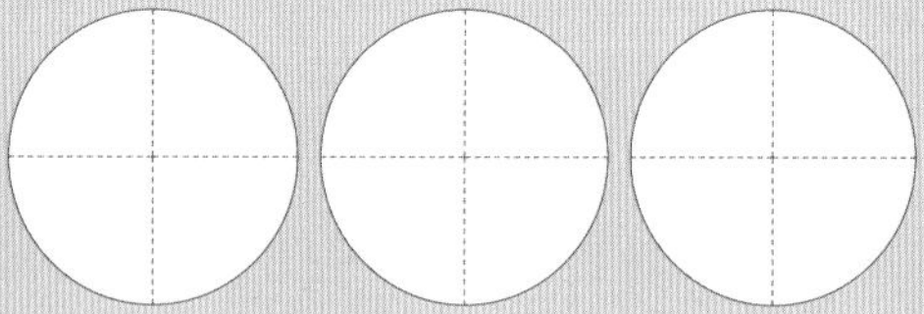

$$\frac{11}{4} = \square\,\frac{\square}{\square}$$

❹

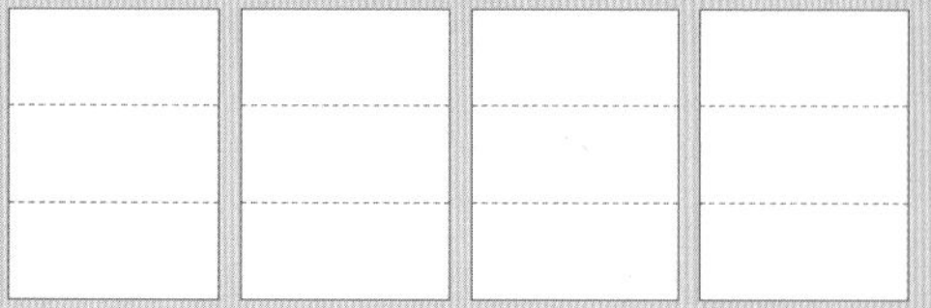

$$\frac{11}{3} = \square\,\frac{\square}{\square}$$

❺

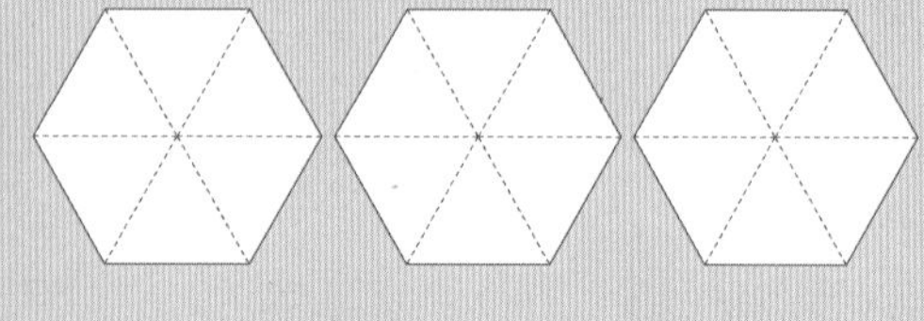

$$\frac{16}{6} = \square\,\frac{\square}{\square}$$

⊕ 보기와 같이 ▬ 안의 가분수를 대분수로 나타내시오.

보기

$\frac{15}{7}$

$$\frac{15}{7}=\frac{14}{7}+\frac{1}{7}$$
$$=2+\frac{1}{7}$$
$$=2\frac{1}{7}$$

❶ $\frac{11}{8}$

❷ $\frac{15}{4}$

❸ $\frac{9}{2}$

❹ $\frac{10}{3}$

❺ $\frac{26}{5}$

635 선잇기

◐ 가분수를 대분수로 나타내려고 합니다. 빈칸을 채우시오.

$\frac{15}{4} = \frac{12}{4}+\frac{3}{4} = 3+\frac{3}{4} = 3\frac{3}{4}$

❶ $\frac{21}{5} = \square = 4+\frac{1}{5} = \square$

❷ $\frac{21}{8} = \square = 2+\frac{5}{8} = \square$

◐ 대분수를 가분수로 나타내려고 합니다. 빈칸을 채우시오.

$7\frac{2}{3} = 7+\frac{2}{3} = \frac{21}{3}+\frac{2}{3} = \frac{23}{3}$

❸ $5\frac{1}{6} = \square = \frac{30}{6}+\frac{1}{6} = \square$

❹ $2\frac{2}{11} = \square = \frac{22}{11}+\frac{2}{11} = \square$

월 일

관계있는 것끼리 선으로 이으시오.

$\frac{19}{6}$	$2\frac{1}{6}$	$\frac{8}{6}$
$1\frac{2}{6}$	$3\frac{1}{6}$	$\frac{13}{6}$

❶

$\frac{7}{5}$	$1\frac{7}{10}$	$\frac{7}{4}$
$\frac{17}{10}$	$1\frac{2}{5}$	$1\frac{3}{4}$

❷

$2\frac{2}{5}$	$\frac{17}{5}$	$3\frac{4}{5}$
$\frac{19}{5}$	$3\frac{2}{5}$	$\frac{12}{5}$

❸

$3\frac{2}{7}$	$\frac{17}{4}$	$1\frac{5}{7}$
$\frac{12}{7}$	$\frac{23}{7}$	$4\frac{1}{4}$

❹

$3\frac{1}{4}$	$\frac{27}{8}$	$7\frac{1}{4}$
$\frac{13}{4}$	$\frac{29}{4}$	$3\frac{3}{8}$

❺

$\frac{21}{9}$	$2\frac{3}{7}$	$\frac{23}{7}$
$2\frac{3}{9}$	$\frac{17}{7}$	$3\frac{2}{7}$

636 덧셈과 대분수

◐ 계산 결과를 대분수로 나타내려고 합니다. □ 안에 알맞은 수를 써넣으시오.

$\frac{3}{8}+\frac{7}{8}=\frac{\boxed{10}}{8}=\boxed{1}\frac{\boxed{2}}{8}$

❶ $\frac{8}{3}-\frac{1}{3}=\frac{\square}{3}=\square\frac{\square}{3}$

❷ $\frac{8}{11}+\frac{13}{11}=\frac{\square}{11}=\square\frac{\square}{11}$

❸ $\frac{16}{9}-\frac{4}{9}=\frac{\square}{9}=\square\frac{\square}{9}$

❹ $\frac{5}{6}+\frac{4}{6}=\frac{\square}{6}=\square\frac{\square}{6}$

❺ $\frac{17}{7}-\frac{2}{7}=\frac{\square}{7}=\square\frac{\square}{7}$

❻ $\frac{15}{12}+\frac{8}{12}=\frac{\square}{12}=\square\frac{\square}{12}$

❼ $\frac{24}{10}-\frac{1}{10}=\frac{\square}{10}=\square\frac{\square}{10}$

❽ $\frac{11}{8}+\frac{14}{8}=\frac{\square}{8}=\square\frac{\square}{8}$

❾ $\frac{15}{4}-\frac{1}{4}=\frac{\square}{4}=\square\frac{\square}{4}$

❿ $\frac{6}{7}+\frac{10}{7}=\frac{\square}{7}=\square\frac{\square}{7}$

⓫ $\frac{28}{5}-\frac{4}{5}=\frac{\square}{5}=\square\frac{\square}{5}$

◆ 계산 결과를 대분수로 나타내시오.

$\frac{11}{7}+\frac{8}{7}=\boxed{\frac{19}{7}}=\boxed{2\frac{5}{7}}$

❶ $\frac{17}{8}-\frac{3}{8}=\square=\square$

❷ $\frac{4}{9}+\frac{6}{9}=\square=\square$

❸ $\frac{11}{4}-\frac{1}{4}=\square=\square$

❹ $\frac{3}{5}+\frac{9}{5}=\square=\square$

❺ $\frac{10}{3}-\frac{2}{3}=\square=\square$

❻ $\frac{7}{11}+\frac{16}{11}=\square=\square$

❼ $\frac{31}{6}-\frac{5}{6}=\square=\square$

❽ $\frac{9}{8}+\frac{12}{8}=\square=\square$

❾ $\frac{25}{9}-\frac{2}{9}=\square=\square$

❿ $\frac{5}{4}+\frac{8}{4}=\square=\square$

⓫ $\frac{30}{7}-\frac{4}{7}=\square=\square$

⓬ $\frac{13}{12}+\frac{16}{12}=\square=\square$

⓭ $\frac{21}{5}-\frac{3}{5}=\square=\square$

잘 공부했는지 알아봅시다

월 일

1 다음은 가분수를 대분수로 고친 것입니다. 틀린 부분을 찾아 바르게 고치시오.

$$\frac{14}{5}=\frac{5}{5}+\frac{9}{5}$$
$$=1+\frac{9}{5}$$
$$=1\frac{9}{5}$$

→ (빈칸)

2 대분수를 가분수로, 가분수를 대분수로 바르게 나타낸 것을 찾아 선으로 이으시오.

$\frac{12}{7}$ •	• $2\frac{2}{7}$
$2\frac{1}{7}$ •	• $\frac{15}{7}$
$\frac{16}{7}$ •	• $1\frac{5}{7}$

3 다섯 장의 숫자 카드가 있습니다. 숫자 카드 두 장을 사용하여 분모가 5인 가장 큰 대분수를 만들고 가분수로 나타내시오.

1 3 4 7 8

$\square\frac{\square}{5}$ → $\frac{\square}{\square}$

8 분수의 크기 비교

637 분수의 크기 비교

◐ 대분수를 가분수로 고치고 분수의 크기를 비교하여 ◯ 안에 ＞, ＝, ＜를 알맞게 써넣으시오.

$\frac{5}{2}$ $\textcircled{<}$ $3\frac{1}{2}=\boxed{\frac{7}{2}}$

❶ $\frac{9}{5}$ $\bigcirc$ $1\frac{4}{5}=\square$

❷ $\frac{13}{3}$ $\bigcirc$ $3\frac{2}{3}=\square$

❸ $\frac{6}{6}$ $\bigcirc$ $3\frac{1}{6}=\square$

❹ $\frac{15}{4}$ $\bigcirc$ $4\frac{3}{4}=\square$

❺ $\frac{11}{8}$ $\bigcirc$ $1\frac{1}{8}=\square$

◐ 가분수를 대분수로 고치고 분수의 크기를 비교하여 ◯ 안에 ＞, ＝, ＜를 알맞게 써넣으시오.

$6\frac{2}{7}$ $\textcircled{>}$ $\frac{29}{7}=\boxed{4\frac{1}{7}}$

❻ $3\frac{1}{6}$ $\bigcirc$ $\frac{32}{6}=\square$

❼ $4\frac{1}{8}$ $\bigcirc$ $\frac{31}{8}=\square$

❽ $2\frac{6}{7}$ $\bigcirc$ $\frac{16}{7}=\square$

❾ $3\frac{2}{5}$ $\bigcirc$ $\frac{18}{5}=\square$

❿ $4\frac{1}{3}$ $\bigcirc$ $\frac{13}{3}=\square$

월 일

분수의 크기를 비교하여 ○ 안에 >, =, <를 알맞게 써넣으시오.

$\frac{7}{4}$ (<) $\frac{9}{4}$

❶ $\frac{7}{11}$ ○ $\frac{4}{11}$

❷ $\frac{15}{8}$ ○ $\frac{9}{8}$

❸ $2\frac{1}{3}$ ○ $3\frac{1}{3}$

❹ $6\frac{2}{11}$ ○ $1\frac{10}{11}$

❺ $4\frac{5}{12}$ ○ $2\frac{3}{12}$

❻ $\frac{7}{3}$ ○ $1\frac{2}{3}$

❼ $1\frac{5}{8}$ ○ $\frac{15}{8}$

❽ $\frac{17}{12}$ ○ $1\frac{5}{12}$

❾ $6\frac{2}{7}$ ○ $\frac{25}{7}$

❿ $\frac{16}{3}$ ○ $4\frac{2}{3}$

⓫ $1\frac{3}{8}$ ○ $\frac{9}{8}$

⓬ $\frac{5}{6}$ ○ $2\frac{2}{6}$

⓭ $3\frac{7}{11}$ ○ $\frac{38}{11}$

⓮ $\frac{9}{2}$ ○ $3\frac{1}{2}$

⓯ $\frac{6}{8}$ ○ $\frac{11}{8}$

⓰ $5\frac{1}{15}$ ○ $3\frac{12}{15}$

⓱ $6\frac{1}{6}$ ○ $\frac{38}{6}$

638 숫자 카드 가분수

◐ 숫자 카드 중 두 장을 사용하여 가분수를 만들고, 대분수로 고치시오.

숫자 카드: 3, 7, 8

$\frac{7}{3} = 2\frac{1}{3}$

$\frac{8}{3} = 2\frac{2}{3}$

$\frac{8}{7} = 1\frac{1}{7}$

❶ 숫자 카드: 4, 7, 9

$\frac{\square}{\square} = \square\frac{\square}{\square}$

$\frac{\square}{\square} = \square\frac{\square}{\square}$

$\frac{\square}{\square} = \square\frac{\square}{\square}$

❷ 숫자 카드: 5, 7, 8

$\frac{\square}{\square} = \square\frac{\square}{\square}$

$\frac{\square}{\square} = \square\frac{\square}{\square}$

$\frac{\square}{\square} = \square\frac{\square}{\square}$

❸ 숫자 카드: 6, 8, 7

$\frac{\square}{\square} = \square\frac{\square}{\square}$

$\frac{\square}{\square} = \square\frac{\square}{\square}$

$\frac{\square}{\square} = \square\frac{\square}{\square}$

숫자 카드 중 두 장을 사용하여 가분수를 만들고 대분수로 고친 다음, 가장 큰 분수에 ○표 하시오.

2	7	5

$\frac{5}{2}=2\frac{1}{2}$

$\frac{7}{2}=3\frac{1}{2}$ (○)

$\frac{7}{5}=1\frac{2}{5}$

❶ 3 5 8

❷ 4 5 9

❸ 6 7 8

❹ 4 6 9

❺ 3 8 7

639 숫자 카드 대분수

◐ 숫자 카드를 한 번씩 사용하여 대분수를 세 개 만드시오.

숫자 카드: 2, 3, 7

$2\frac{3}{7}$ $3\frac{2}{7}$ $7\frac{2}{3}$

❶ 숫자 카드: 4, 7, 6

$\square\frac{\square}{\square}$ $\square\frac{\square}{\square}$ $\square\frac{\square}{\square}$

❷ 숫자 카드: 9, 1, 4

$\square\frac{\square}{\square}$ $\square\frac{\square}{\square}$ $\square\frac{\square}{\square}$

❸ 숫자 카드: 8, 3, 5

$\square\frac{\square}{\square}$ $\square\frac{\square}{\square}$ $\square\frac{\square}{\square}$

❹ 숫자 카드: 2, 4, 5

$\square\frac{\square}{\square}$ $\square\frac{\square}{\square}$ $\square\frac{\square}{\square}$

월 일

숫자 카드를 한 번씩 사용하여 만들 수 있는 대분수를 모두 쓰고, 그중 가장 큰 것에 ○표 하시오.

4	5	7

$4\frac{5}{7}$ $5\frac{4}{7}$ ($7\frac{4}{5}$)

❶

1	6	8

❷

2	3	9

❸

2	3	4

❹

4	5	7

640 네모 대소

◐ □ 안에 들어갈 수 있는 수에 모두 ○표 하시오.

$\frac{\square}{7} > \frac{6}{7}$

4 5 6 (7) (8)

❶ $\frac{\square}{8} < \frac{11}{8}$

9 10 11 12 13

❷ $\frac{\square}{11} > \frac{15}{11}$

13 14 15 16 17

❸ $\frac{7}{\square} < \frac{7}{5}$

3 4 5 6 7

❹ $\frac{11}{\square} > \frac{11}{8}$

6 7 8 9 10

❺ $\frac{10}{\square} < \frac{10}{9}$

8 9 10 11 12

❻ $\square\frac{2}{5} > 4\frac{3}{5}$

1 2 3 4 5

❼ $\square\frac{5}{6} < 9\frac{5}{6}$

7 8 9 10 11

□ 안에 들어갈 수 있는 수를 모두 쓰시오.

$\frac{8}{7} < \frac{\square}{7} < \frac{12}{7}$

9 10 11

❶ $\frac{13}{8} < \frac{\square}{8} < \frac{17}{8}$

❷ $\frac{18}{14} < \frac{18}{\square} < \frac{18}{10}$

❸ $\frac{11}{7} < \frac{11}{\square} < \frac{11}{3}$

❹ $3\frac{5}{7} < \square\frac{4}{7} < 7\frac{2}{7}$

❺ $7\frac{3}{10} < \square\frac{7}{10} < 9\frac{9}{10}$

❻ $\frac{6}{5} < \square\frac{2}{5} < 4\frac{1}{5}$

❼ $\frac{10}{3} < \square\frac{2}{3} < \frac{18}{3}$

잘 공부했는지 알아봅시다

월 일

1 두 분수의 크기를 비교하여 ○ 안에 >, =, <를 알맞게 써넣으시오.

❶ $\frac{7}{4}$ ○ $1\frac{3}{4}$　　❷ $1\frac{3}{5}$ ○ $\frac{7}{5}$　　❸ $\frac{11}{6}$ ○ $1\frac{4}{6}$

2 다음 분수 중에서 가장 큰 분수에 ○표, 가장 작은 분수에 △표 하시오.

$\frac{19}{8}$　$1\frac{7}{8}$　$\frac{3}{8}$　$2\frac{1}{8}$　$\frac{15}{8}$

3 숫자 카드 중에서 두 장을 사용하여 가장 큰 가분수로 만들고 대분수로 고치시오.

7　4　9

4 □ 안에 들어갈 수 있는 수 중 가장 작은 수를 구하시오.

❶ $\frac{\square}{7} > \frac{6}{7}$　　❷ $\square\frac{2}{7} > 4\frac{3}{7}$

MEMO

MEMO

사고셈

정답 및 해설
Guide Book

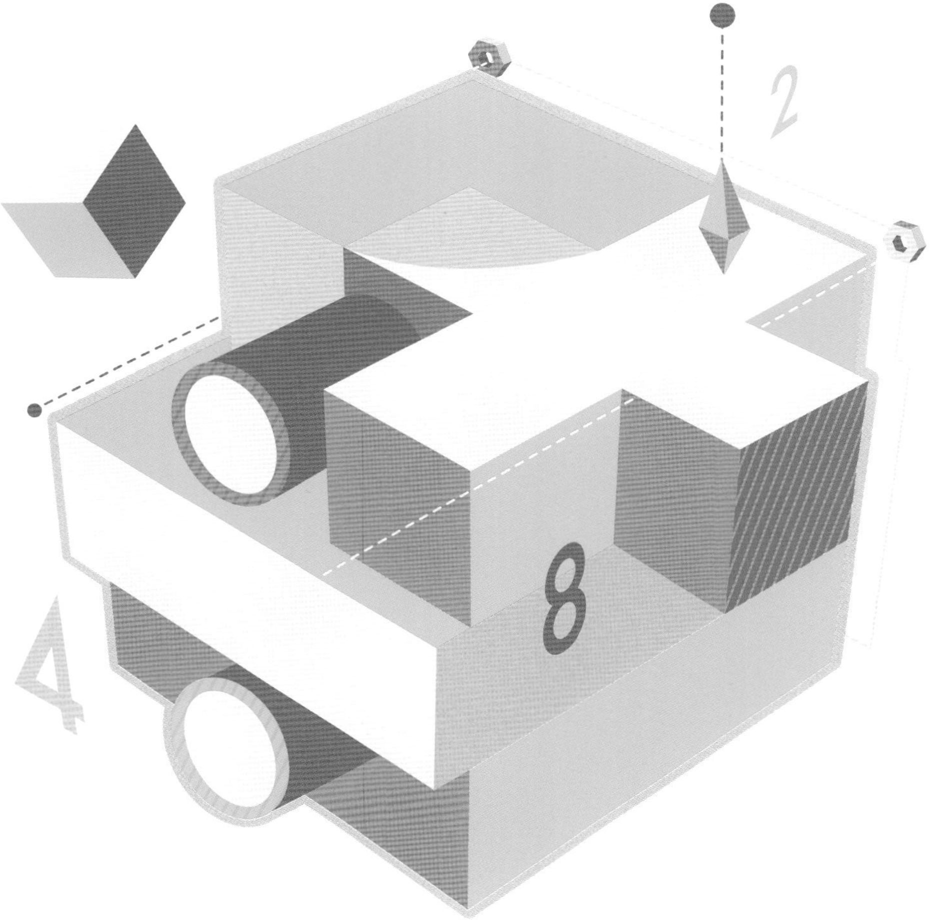

초등3 4호

분수

NE 능률

낱개와 분수 (1)

◐ 접시 안의 쿠키를 전체로 볼 때, ▭ 안 쿠키의 수를 분수로 나타내시오.

$\frac{3}{8}$

전체 8 중의 3은 $\frac{3}{8}$입니다.

❶

$\frac{5}{7}$

전체 7 중의 5는 $\frac{5}{7}$입니다.

❷

$\frac{4}{9}$

❸

$\frac{7}{10}$

❹

$\frac{5}{6}$

❺

$\frac{8}{9}$

◐ 분수로 나타내고 □ 안에 알맞은 수를 써넣으시오.

$\frac{3}{5}$ 3은 5의 $\frac{3}{5}$입니다.

❶

$\frac{6}{11}$ 6은 11의 $\frac{6}{11}$입니다.

❷

$\frac{2}{9}$ 2는 9의 $\frac{2}{9}$입니다.

❸

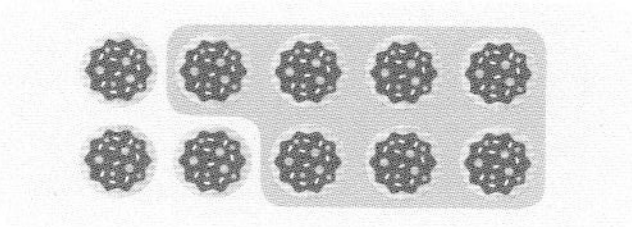

$\frac{7}{10}$ 7은 10의 $\frac{7}{10}$입니다.

❹

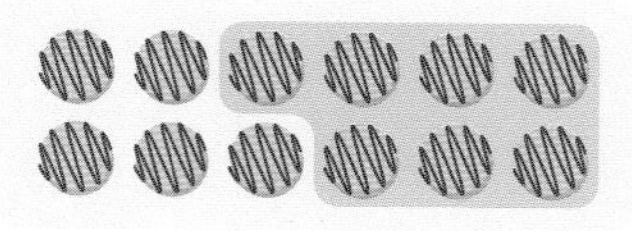

$\frac{7}{12}$ 7은 12의 $\frac{7}{12}$입니다.

610 낱개와 분수 (2)

◐ ● 안의 수만큼 ⬭를 그려 과일을 묶고, □ 안에 알맞은 수를 써넣으시오.

예시 답안과 묶은 모양이 달라도 묶음 안의 개수가 같으면 정답입니다.

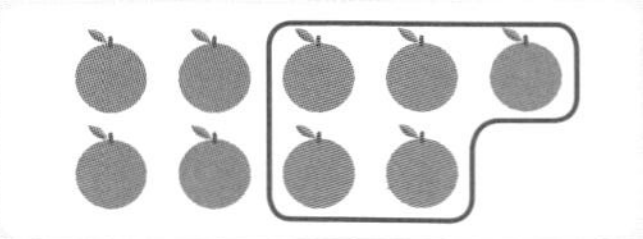

5는 9의 $\frac{5}{9}$입니다.

❶

4는 7의 $\frac{4}{7}$입니다.

❷

3은 8의 $\frac{3}{8}$입니다.

❸

7은 9의 $\frac{7}{9}$입니다.

❹

2는 11의 $\frac{2}{11}$입니다.

월 일

◐ □ 안에 알맞은 수를 써넣으시오.

▲는 ■의 $\frac{▲}{■}$입니다.

3은 8의 $\frac{3}{8}$입니다.
17은 8의 $\frac{17}{8}$입니다.

❶ 6은 13의 $\frac{6}{13}$입니다.
14는 13의 $\frac{14}{13}$입니다.

❷ 4는 7의 $\frac{4}{7}$입니다.
9는 7의 $\frac{9}{7}$입니다.

❸ 6은 11의 $\frac{6}{11}$입니다.
12는 11의 $\frac{12}{11}$입니다.

❹ 9는 10의 $\frac{9}{10}$입니다.
11은 10의 $\frac{11}{10}$입니다.

❺ 7은 16의 $\frac{7}{16}$입니다.
19는 16의 $\frac{19}{16}$입니다.

묶음과 분수 (1)

월 일

◐ 칠해진 부분을 낱개와 묶음 두 가지 방법으로 분수로 나타낸 것입니다. □ 안에 알맞은 수를 써넣으시오.

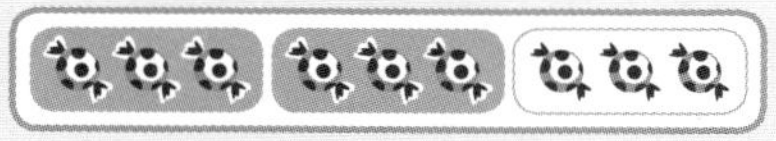

$\frac{6}{9}=\frac{2}{3}$

6은 9의 $\frac{6}{9}$입니다.

9를 3씩 묶으면

6은 9의 $\frac{2}{3}$입니다.

❶

$\frac{12}{16}=\frac{3}{4}$

12는 16의 $\frac{12}{16}$입니다.

16을 4씩 묶으면

12는 16의 $\frac{3}{4}$입니다.

❷

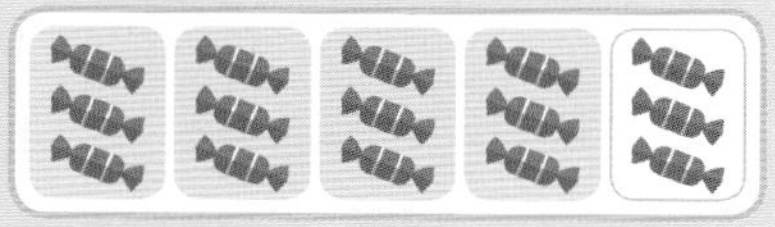

$\frac{12}{15}=\frac{4}{5}$

12는 15의 $\frac{12}{15}$입니다.

15를 3씩 묶으면

12는 15의 $\frac{4}{5}$입니다.

낱개를 분수로 나타내는 경우와 묶음을 분수로 나타내는 경우 표현되는 분수는 다르지만 모두 크기가 같은 분수입니다.
몇 씩 묶는지에 따라서도 표현되는 분수는 다르지만 모두 같은 분수입니다.

◐ 칠해진 묶음의 수를 분수로 나타내고 □ 안에 알맞은 수를 써넣으시오.

$\frac{5}{6}$

18개를 3씩 묶으면

15는 18의 $\frac{5}{6}$입니다.

❶

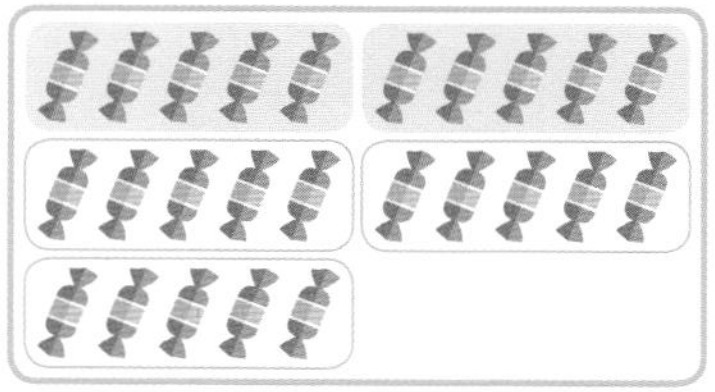

$\frac{2}{5}$

25개를 5씩 묶으면

10은 25의 $\frac{2}{5}$입니다.

❷

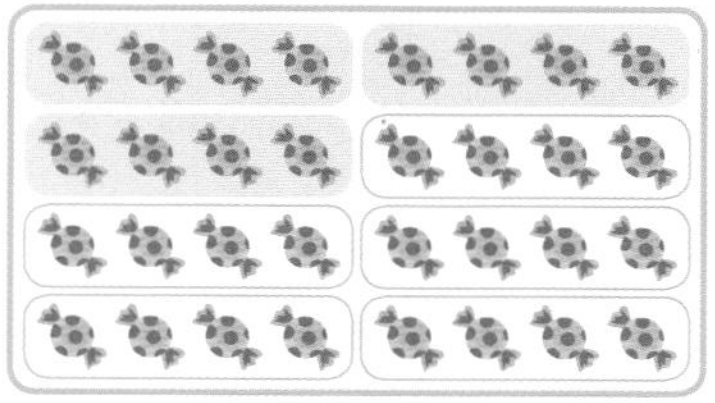

$\frac{3}{8}$

32개를 4씩 묶으면

12는 32의 $\frac{3}{8}$입니다.

❸

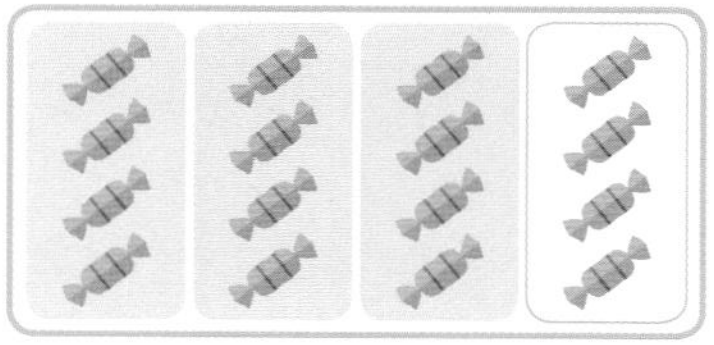

$\frac{3}{4}$

16개를 4씩 묶으면

12는 16의 $\frac{3}{4}$입니다.

612 묶음과 분수 (2)

● 안의 수씩 묶고 □ 안에 알맞은 수를 써넣으시오. 예시 답안과 같이 묶음의 수를 기준으로 분수를 나타냅니다.

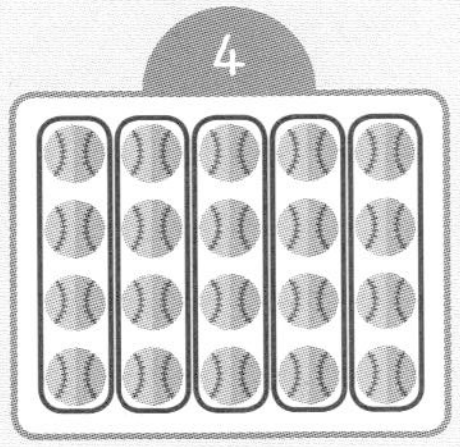

20을 4씩 묶으면 8은 20의 $\frac{2}{5}$입니다.

12는 20의 $\frac{3}{5}$입니다.

❶

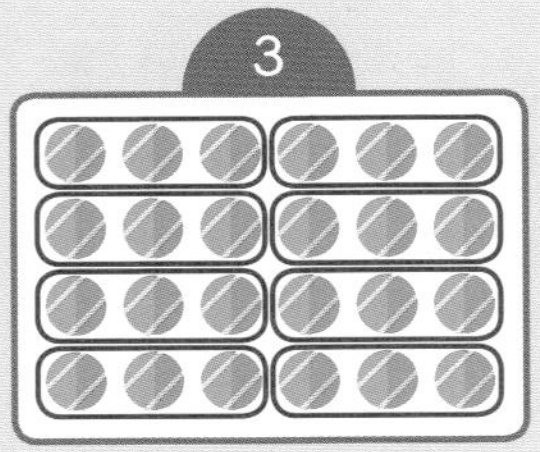

24를 3씩 묶으면 9는 24의 $\frac{3}{8}$입니다.

15는 24의 $\frac{5}{8}$입니다.

❷

30을 5씩 묶으면 10은 30의 $\frac{2}{6}$입니다.

25는 30의 $\frac{5}{6}$입니다.

월 일

● □ 안에 알맞은 수를 써넣으시오.

30을 6씩 묶었습니다.

- 6은 30의 $\frac{1}{5}$입니다.
- 18은 30의 $\frac{3}{5}$입니다.
- 24는 30의 $\frac{4}{5}$입니다.

❶ 36을 4씩 묶었습니다.

- 4는 36의 $\frac{1}{9}$입니다.
- 28은 36의 $\frac{7}{9}$입니다.
- 32는 36의 $\frac{8}{9}$입니다.

❷ 42를 6씩 묶었습니다.

- 6은 42의 $\frac{1}{7}$입니다.
- 12는 42의 $\frac{2}{7}$입니다.
- 24는 42의 $\frac{4}{7}$입니다.

❸ 48을 8씩 묶었습니다.

- 8은 48의 $\frac{1}{6}$입니다.
- 24는 48의 $\frac{3}{6}$입니다.
- 40은 48의 $\frac{5}{6}$입니다.

잘 공부했는지 알아봅시다

월 일

1 칠해진 부분을 낱개와 묶음 두 가지 방법으로 분수로 나타낸 것입니다. □ 안에 알맞은 수를 써넣으시오.

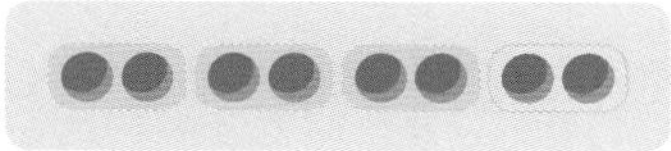

6은 8의 $\frac{6}{8}$입니다.

6은 2씩 묶으면 6은 8의 $\frac{3}{4}$입니다.

2 □ 안에 알맞은 수를 써넣으시오.

❶ 30을 6씩 묶으면 12는 30의 $\frac{2}{5}$입니다.

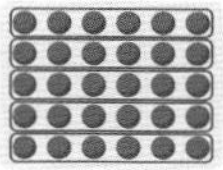

❷ 30을 10씩 묶으면 20은 30의 $\frac{2}{3}$입니다.

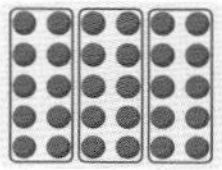

3 감자가 18개 있습니다. 그중 3개는 할머니께 드리고 9개는 이웃집에 드렸습니다. □ 안에 알맞은 수를 써넣으시오.

❶ 18을 3씩 묶으면 감자 3개는 18개의 $\frac{1}{6}$입니다.

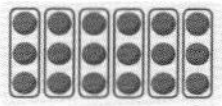

❷ 18을 9씩 묶으면 감자 9개는 18개의 $\frac{1}{2}$입니다.

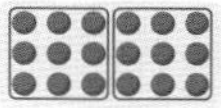

613 묶음 단추

월 일

◐ ▢ 안의 분수만큼 색칠하고 빈칸에 알맞은 수를 써넣으시오.

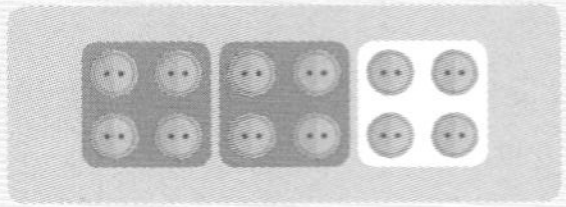

12의 $\frac{2}{3}$는 8 입니다.

12개를 3묶음으로 나누면 한 묶음에 4개씩이므로, 2묶음에는 8개가 있습니다.

❶ 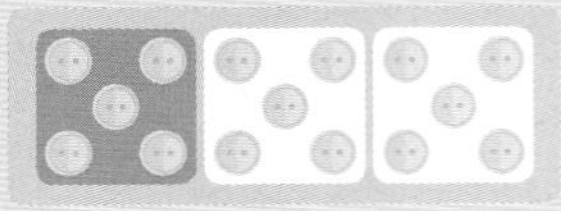

15의 $\frac{1}{3}$은 5 입니다.

15개를 3묶음으로 나누면 한 묶음에 5개가 있습니다.

❷ 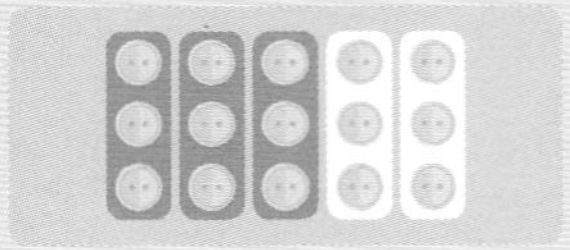

15의 $\frac{3}{5}$은 9 입니다.

❸ 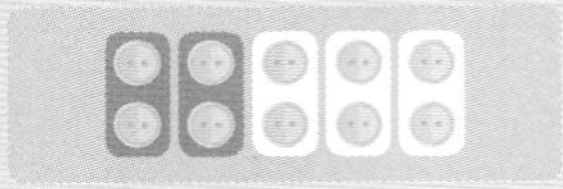

10의 $\frac{2}{5}$는 4 입니다.

❹ 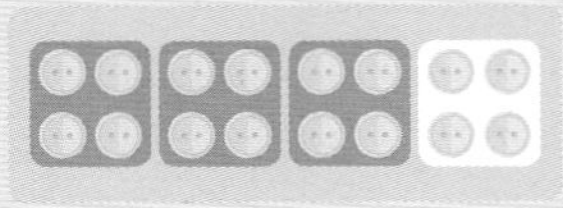

16의 $\frac{3}{4}$은 12 입니다.

❺ 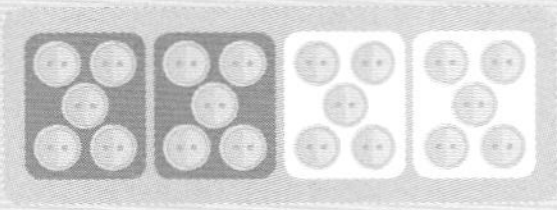

20의 $\frac{2}{4}$는 10 입니다.

◐ 묶음의 수가 분모가 되도록 똑같이 나눈 다음, 빈칸에 알맞은 수를 써넣으시오.

예시 답안과 묶은 모양이 달라도 묶음 안의 개수가 같으면 정답입니다.

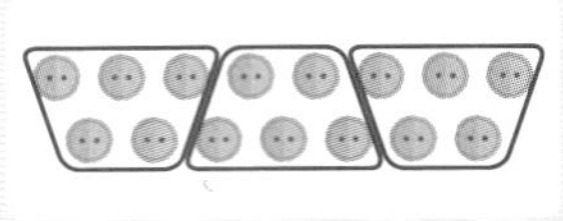

15의 $\frac{2}{3}$는 10 입니다.

15개를 3묶음으로 나누면 한 묶음에 5개씩이므로, 2묶음에는 10개입니다.

❶ 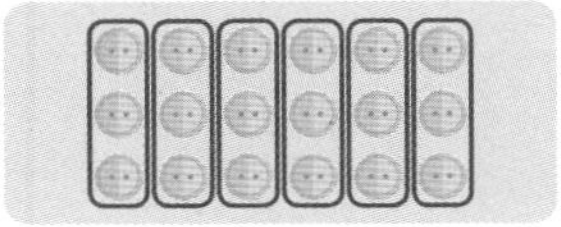

18의 $\frac{4}{6}$는 12 입니다.

18개를 6묶음으로 나누면 한 묶음에 3개씩이므로, 4묶음에는 12개입니다.

❷ 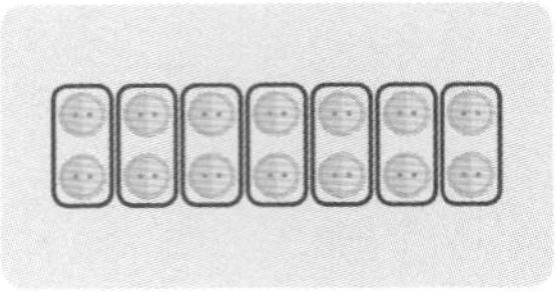

14의 $\frac{3}{7}$은 6 입니다.

❸ 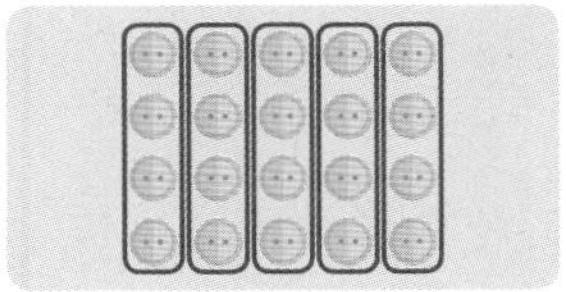

20의 $\frac{2}{5}$는 8 입니다.

❹ 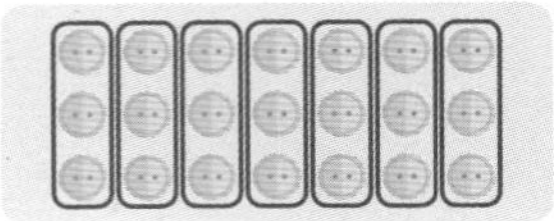

21의 $\frac{2}{7}$는 6 입니다.

❺ 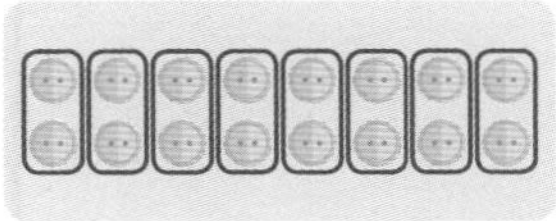

16의 $\frac{5}{8}$는 10 입니다.

614 18과 24

◑ 18을 여러 가지 방법으로 나누었습니다. 빈칸에 알맞은 수를 써넣으시오.

18의 $\frac{2}{3}$는 12 입니다.

❶ 18의 $\frac{5}{6}$는 15 입니다.

❷ 18의 $\frac{1}{2}$은 9 입니다.

❸ 18의 $\frac{2}{9}$는 4 입니다.

❹ 18의 $\frac{3}{6}$은 9 입니다.

❺ 18의 $\frac{5}{9}$는 10 입니다.

❻ 18의 $\frac{1}{3}$은 6 입니다.

❼ 18의 $\frac{4}{9}$는 8 입니다.

◑ 분수만큼 색칠하고 빈칸에 알맞은 수를 써넣으시오.

색칠한 칸의 위치가 달라도 색칠한 칸의 수가 같으면 정답입니다.

24의 $\frac{1}{3}$은 8 입니다.

❶ 24의 $\frac{2}{3}$는 16 입니다.

❷ 24의 $\frac{1}{6}$은 4 입니다.

❸ 24의 $\frac{5}{6}$는 20 입니다.

❹ 24의 $\frac{1}{4}$은 6 입니다.

❺ 24의 $\frac{3}{4}$은 18 입니다.

❻ 24의 $\frac{1}{8}$은 3 입니다.

❼ 24의 $\frac{5}{8}$는 15 입니다.

615 단위분수만큼

◐ 그림을 보고 빈칸에 알맞은 수를 써넣으시오.

$20 \div 5 = $ 4

20의 $\frac{1}{5}$은 4 입니다.

❶

$18 \div 3 = $ 6

18의 $\frac{1}{3}$은 6 입니다.

❷

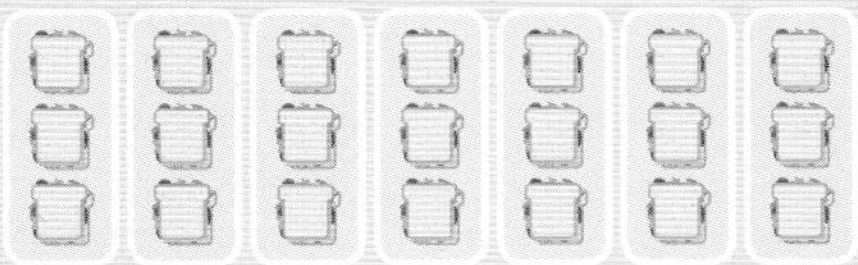

$21 \div 7 = $ 3

21의 $\frac{1}{7}$은 3 입니다.

❸

$32 \div 4 = $ 8

32의 $\frac{1}{4}$은 8 입니다.

❹

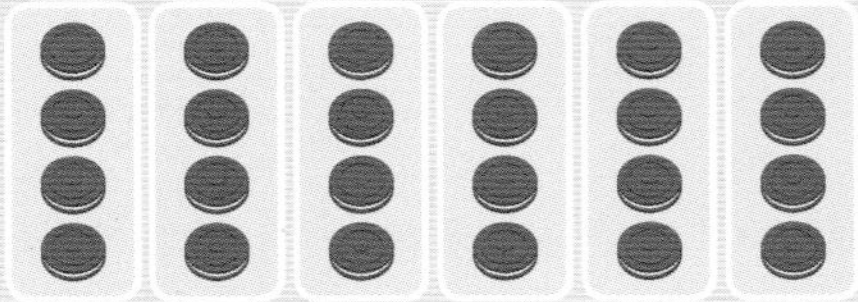

$24 \div 6 = $ 4

24의 $\frac{1}{6}$은 4 입니다.

단위분수는 $\frac{1}{2}, \frac{1}{3}, \frac{1}{4}, \cdots$과 같이 분자가 1인 분수입니다.

■의 $\frac{1}{▲}$은 ■÷▲입니다.

◑ 나눗셈을 이용하여 자연수의 단위분수만큼을 구하시오.

15의 $\frac{1}{5}$은 3 입니다.

$15 \div 5 = $ 3

❶ 12의 $\frac{1}{6}$은 2 입니다.

$12 \div 6 = $ 2

❷ 18의 $\frac{1}{6}$은 3 입니다.

$18 \div 6 = $ 3

❸ 21의 $\frac{1}{3}$은 7 입니다.

$21 \div 3 = $ 7

❹ 32의 $\frac{1}{8}$은 4 입니다.

$32 \div 8 = $ 4

❺ 16의 $\frac{1}{8}$은 2 입니다.

$16 \div 8 = $ 2

❻ 12의 $\frac{1}{4}$은 3 입니다.

$12 \div 4 = $ 3

❼ 24의 $\frac{1}{3}$은 8 입니다.

$24 \div 3 = $ 8

분수만큼

◐ 빈칸에 알맞은 수를 써넣으시오.

15의 $\frac{1}{5}$은 3 입니다. 15÷5=3
$\frac{3}{5}$은 $\frac{1}{5}$이 3 개입니다.
15의 $\frac{3}{5}$은 9 입니다. 3×3=9

❶
12의 $\frac{1}{6}$은 2 입니다. 12÷6=2
$\frac{5}{6}$는 $\frac{1}{6}$이 5 개입니다.
12의 $\frac{5}{6}$는 10 입니다. 2×5=10

❷
18의 $\frac{1}{3}$은 6 입니다.
$\frac{2}{3}$는 $\frac{1}{3}$이 2 개입니다.
18의 $\frac{2}{3}$는 12 입니다.

❸
16의 $\frac{1}{4}$은 4 입니다.
$\frac{3}{4}$은 $\frac{1}{4}$이 3 개입니다.
16의 $\frac{3}{4}$은 12 입니다.

❹
32의 $\frac{1}{8}$은 4 입니다.
$\frac{3}{8}$은 $\frac{1}{8}$이 3 개입니다.
32의 $\frac{3}{8}$은 12 입니다.

❺
20의 $\frac{1}{10}$은 2 입니다.
$\frac{7}{10}$은 $\frac{1}{10}$이 7 개입니다.
20의 $\frac{7}{10}$은 14 입니다.

전체의 분수만큼은 분수가 단위분수의 몇 배인지를 이용하여 해결합니다.
8의 $\frac{1}{4}$은 2이고, $\frac{3}{4}$은 $\frac{1}{4}$의 3배이므로 2의 3배인 6입니다.

◐ 보기와 같이 자연수의 분수만큼을 구하시오.

18의 $\frac{5}{6}$는 15 입니다.
18의 $\frac{1}{6}$은 18÷6=3
18의 $\frac{5}{6}$는 3×5=15

❶ 20의 $\frac{3}{10}$은 6 입니다.
20의 $\frac{1}{10}$은 20÷10=2
20의 $\frac{3}{10}$은 2×3=6

❷ 32의 $\frac{7}{8}$은 28 입니다.
32의 $\frac{1}{8}$은 32÷8=4
32의 $\frac{7}{8}$은 4×7=28

❸ 15의 $\frac{4}{5}$는 12 입니다.
15의 $\frac{1}{5}$은 15÷5=3
15의 $\frac{4}{5}$는 3×4=12

❹ 36의 $\frac{3}{4}$은 27 입니다.
36의 $\frac{1}{4}$은 36÷4=9
36의 $\frac{3}{4}$은 9×3=27

❺ 36의 $\frac{5}{6}$는 30 입니다.
36의 $\frac{1}{6}$은 36÷6=6
36의 $\frac{5}{6}$는 6×5=30

잘 공부했는지 알아봅시다

월 일

1 □ 안에 알맞은 수를 써넣으시오.

28의 $\frac{1}{4}$은 $28 \div 4 = \boxed{7}$ 입니다. ■의 $\frac{1}{▲}$은 ■÷▲입니다.

28의 $\frac{3}{4}$은 $\boxed{7} \times 3 = \boxed{21}$ 입니다. $\frac{3}{4}$은 $\frac{1}{4}$이 3개이므로 $7 \times 3 = 21$입니다.

2 하루는 **24**시간입니다. 동현이의 하루의 일과를 보고 □ 안에 알맞은 수를 써넣으시오.

하루의 $\frac{1}{3}$은 잠을 잡니다. → $\boxed{8}$ 시간 $24 \div 3$

하루의 $\frac{1}{4}$은 공부를 합니다. → $\boxed{6}$ 시간 $24 \div 4$

하루의 $\frac{1}{8}$은 밥을 먹습니다. → $\boxed{3}$ 시간 $24 \div 8$

남은 시간은 $\boxed{7}$ 시간입니다. $24-8-6-3=7$(시간)

3 길이가 **21** cm인 끈을 사서 $\frac{1}{3}$은 선물을 포장하는 데 사용하였습니다. 남은 끈의 길이는 몇 cm입니까? 14cm

남은 끈의 길이는 21 cm의 $\frac{2}{3}$ 입니다.
21의 $\frac{1}{3}$이 $21 \div 3 = 7$(cm)이므로
$\frac{2}{3}$는 $7 \times 2 = 14$(cm)입니다.

617 수직선에 분수 쓰기

월 일

◐ 수직선의 빈칸에 알맞은 분수를 써넣으시오.

(예시) 1 ($\frac{6}{6}$), $\frac{7}{6}$, $\frac{8}{6}$, $\frac{9}{6}$, $\frac{10}{6}$, $\frac{11}{6}$, 2 ($\frac{12}{6}$)

❶ 0, $\frac{1}{7}$, $\frac{2}{7}$, $\frac{3}{7}$, $\frac{4}{7}$, $\frac{5}{7}$, $\frac{6}{7}$, 1 ($\frac{7}{7}$)

❷ 0, $\frac{1}{5}$, $\frac{2}{5}$, $\frac{3}{5}$, $\frac{4}{5}$, 1

❸ 1, $\frac{5}{4}$, $\frac{6}{4}$, $\frac{7}{4}$, 2

❹ 1, $\frac{8}{7}$, $\frac{9}{7}$, $\frac{10}{7}$, $\frac{11}{7}$, $\frac{12}{7}$, $\frac{13}{7}$, 2

❺ 0, $\frac{1}{6}$, $\frac{2}{6}$, $\frac{3}{6}$, $\frac{4}{6}$, $\frac{5}{6}$, 1

❻ 2, $\frac{11}{5}$, $\frac{12}{5}$, $\frac{13}{5}$, $\frac{14}{5}$, 3

❼ 2, $\frac{9}{4}$, $\frac{10}{4}$, $\frac{11}{4}$, 3

❽ 4, $\frac{13}{3}$, $\frac{14}{3}$, 5

❾ 1, $\frac{6}{5}$, $\frac{7}{5}$, $\frac{8}{5}$, $\frac{9}{5}$, 2

수직선의 0부터 1까지가 ■칸으로 나누어져 있을 때, 0에서부터 ▲번째 눈금은 $\frac{▲}{■}$입니다.

◑ 수직선의 빈칸에 알맞은 분수를 써넣으시오.

(예시) 0, $\frac{1}{6}$, $\frac{2}{6}$, $\frac{4}{6}$, 1, $\frac{7}{6}$, $\frac{9}{6}$, $\frac{10}{6}$, 2

❶ 0, $\frac{1}{8}$, $\frac{2}{8}$, $\frac{3}{8}$, $\frac{7}{8}$, 1, $\frac{10}{8}$, $\frac{14}{8}$, 2

❷ 0, $\frac{2}{7}$, $\frac{4}{7}$, 1, $\frac{9}{7}$, $\frac{12}{7}$, 2

❸ 0, $\frac{3}{4}$, 1, $\frac{5}{4}$, 2, $\frac{9}{4}$, $\frac{10}{4}$, 3

❹ 0, $\frac{3}{5}$, 1, $\frac{6}{5}$, $\frac{9}{5}$, 2, $\frac{11}{5}$, 3

월 일

618 수직선 선잇기

● 관계있는 것끼리 선으로 이으시오.

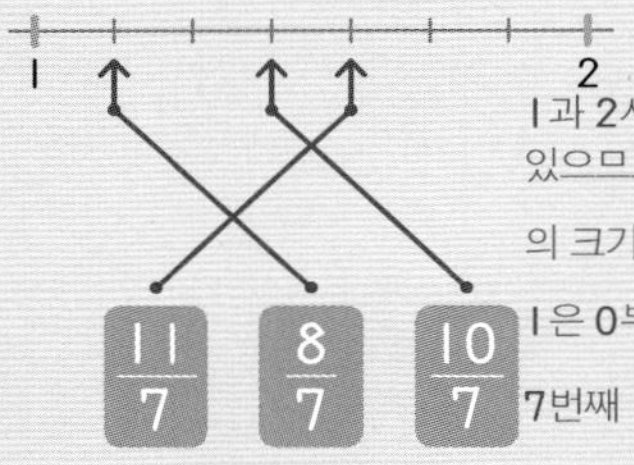

1과 2사이가 7등분 되어 있으므로 작은 눈금 한 칸의 크기는 $\frac{1}{7}$입니다.
1은 0부터 생각했을 때, 7번째 칸이므로 $\frac{7}{7}$이고, 그 다음 칸은 $\frac{8}{7}$입니다.

❶

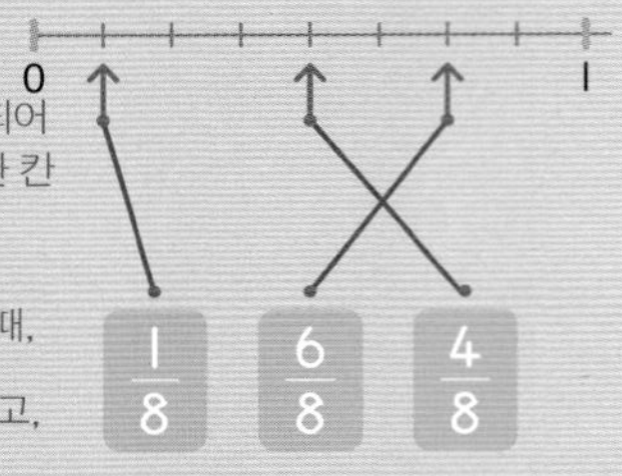

❷

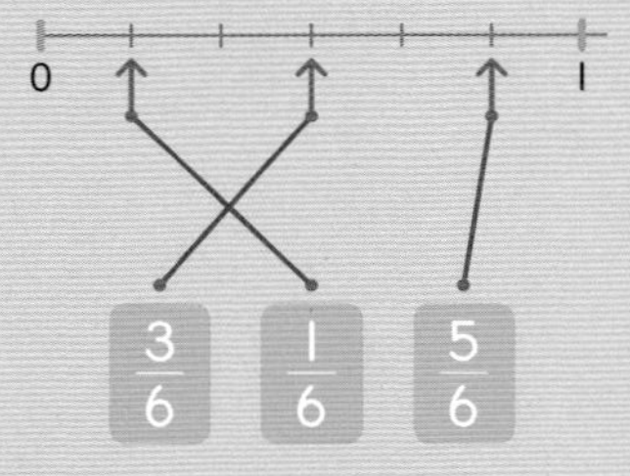

❸

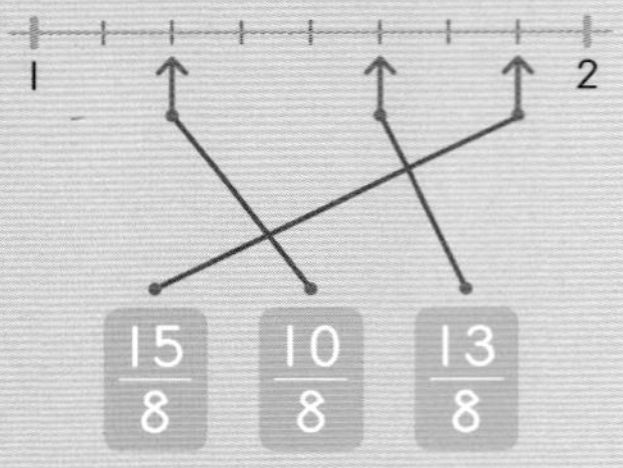

❹

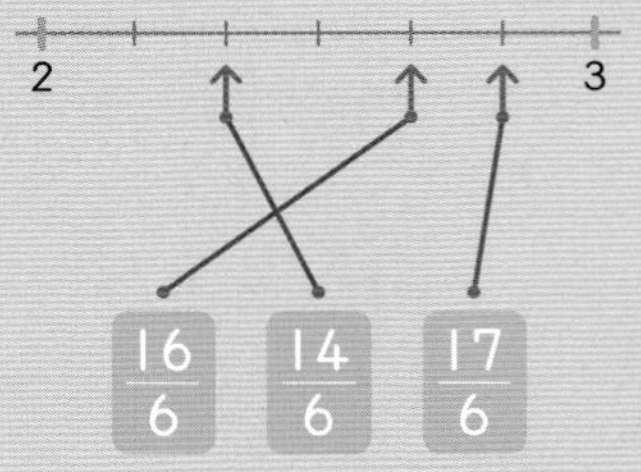

❺

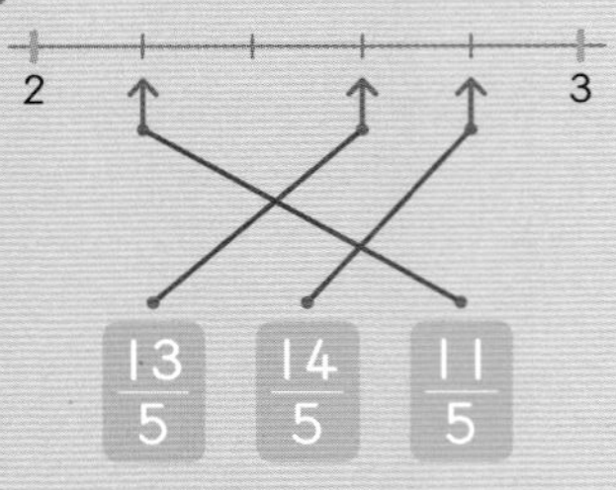

● 분수를 수직선에 ↓로 나타내시오.

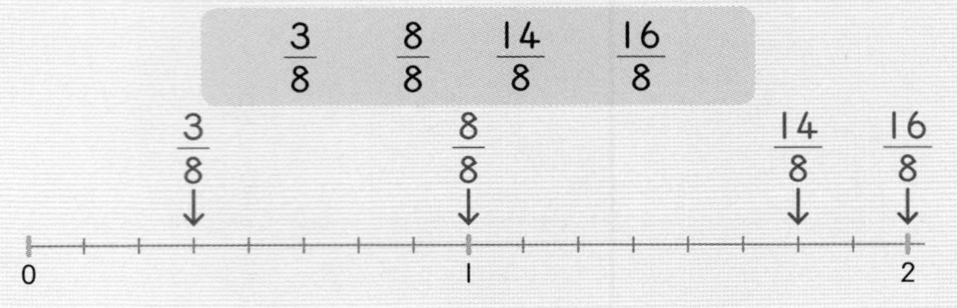

❶

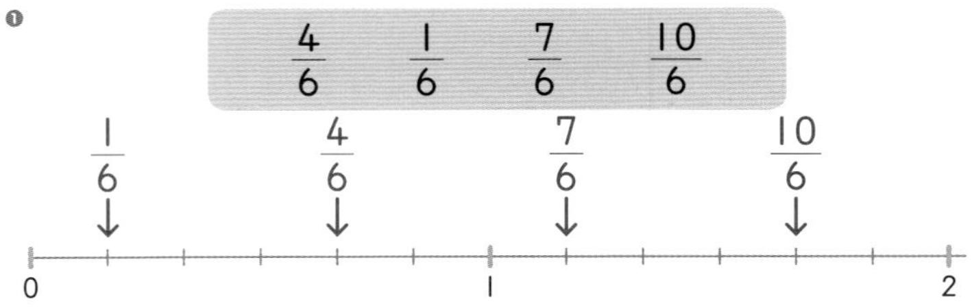

❷

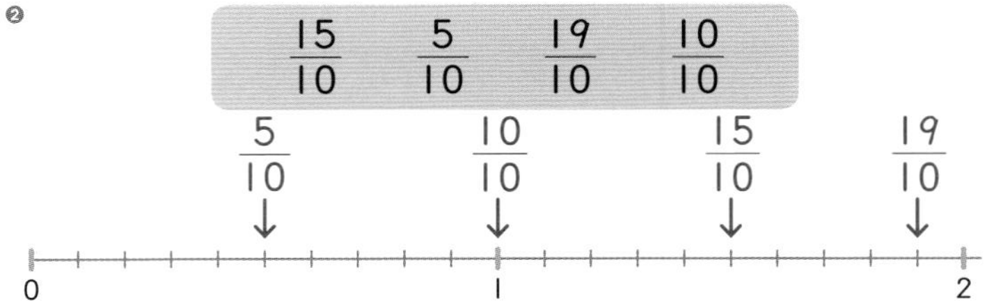

619 크기가 같은 두 분수

◐ ↓와 ↑가 나타내는 분수를 쓰시오.

(예시) $(\downarrow)\frac{10}{6}=\frac{5}{3}(\uparrow)$

$\frac{4}{3}$는 작은 눈금을 2칸씩 묶어 생각한 것이므로 $\frac{4}{3}$부터 2칸 오른쪽에 있는 눈금은 $\frac{5}{3}$입니다.

❶ $(\downarrow)\frac{6}{8}=\frac{3}{4}(\uparrow)$

0과 1 사이가 8등분 되었을 때 2번째 눈금과 0과 1 사이가 4등분 되었을 때 1번째 눈금은 같은 눈금입니다.

❷ $(\downarrow)\frac{1}{3}=\frac{2}{6}(\uparrow)$

❸ $(\downarrow)\frac{4}{5}=\frac{8}{10}(\uparrow)$

❹ $(\downarrow)\frac{3}{6}=\frac{1}{2}(\uparrow)$

❺ $(\downarrow)\frac{7}{4}=\frac{14}{8}(\uparrow)$

◑ 분수를 수직선에 ↓ 또는 ↑로 나타내고, 크기가 같은 분수를 쓰시오.

(예시) $\frac{3}{4}$ $\frac{5}{4}$ $\frac{7}{4}$ $\frac{7}{8}$ $\frac{10}{8}$ $\frac{13}{8}$

$\frac{5}{4}=\frac{10}{8}$

❶ $\frac{2}{3}$ $\frac{4}{3}$ $\frac{5}{3}$ $\frac{2}{6}$ $\frac{5}{6}$ $\frac{8}{6}$

$\frac{4}{3}=\frac{8}{6}$

❷ $\frac{2}{5}$ $\frac{6}{5}$ $\frac{8}{5}$ $\frac{3}{10}$ $\frac{12}{10}$ $\frac{18}{10}$

$\frac{6}{5}=\frac{12}{10}$

620 분수를 수직선에 나타내기

월 일

◐ 분수를 수직선에 ↓로 나타내시오.

$\frac{7}{12}$ $\frac{1}{4}$

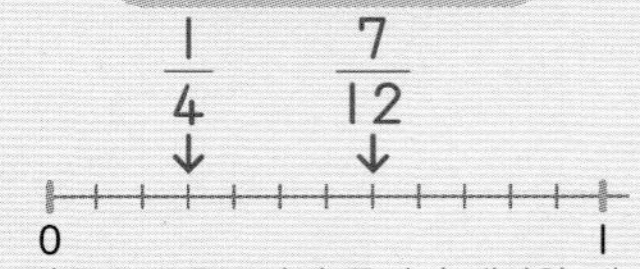

작은 눈금을 3칸씩 묶어서 생각할 때 $\frac{1}{4}$은 0에서부터 3번째 눈금입니다.

❶ $\frac{4}{9}$ $\frac{2}{3}$

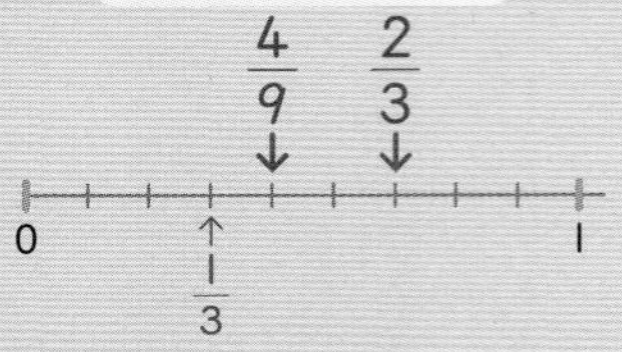

분수의 분모를 보고 작은 눈금을 몇 칸씩 묶어야 하는지 결정합니다.

❷ $\frac{3}{8}$ $\frac{3}{4}$

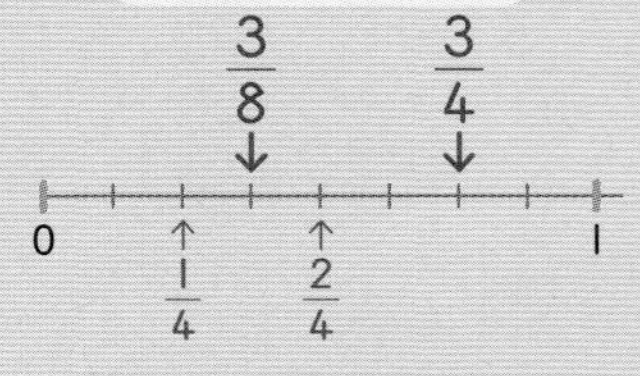

❸ $\frac{7}{10}$ $\frac{2}{5}$

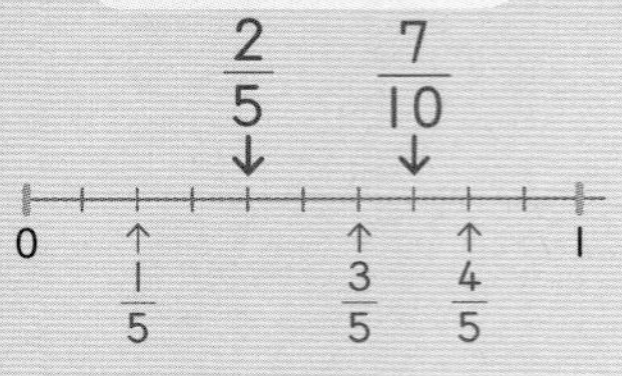

❹ $\frac{5}{12}$ $\frac{2}{3}$

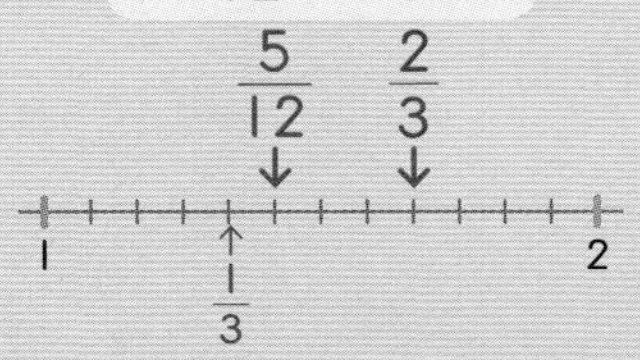

❺ $\frac{7}{8}$ $\frac{1}{2}$

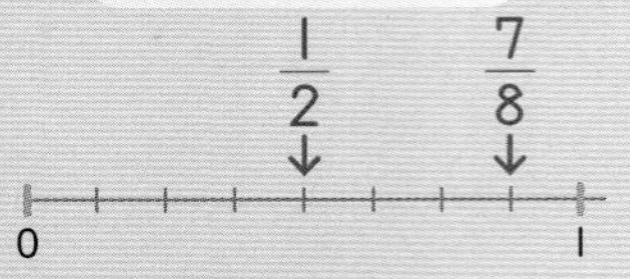

◑ 분수를 수직선에 ↓로 나타내시오.

$\frac{11}{18}$ $\frac{4}{9}$ $\frac{7}{6}$ $\frac{15}{9}$ $\frac{4}{3}$

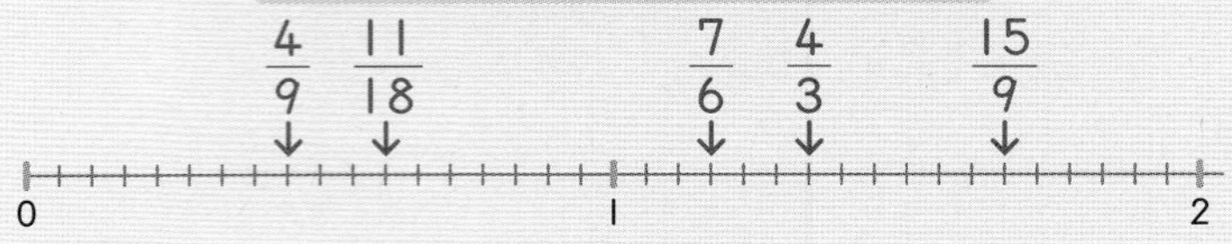

❶ $\frac{7}{12}$ $\frac{5}{4}$ $\frac{5}{6}$ $\frac{2}{3}$ $\frac{11}{6}$

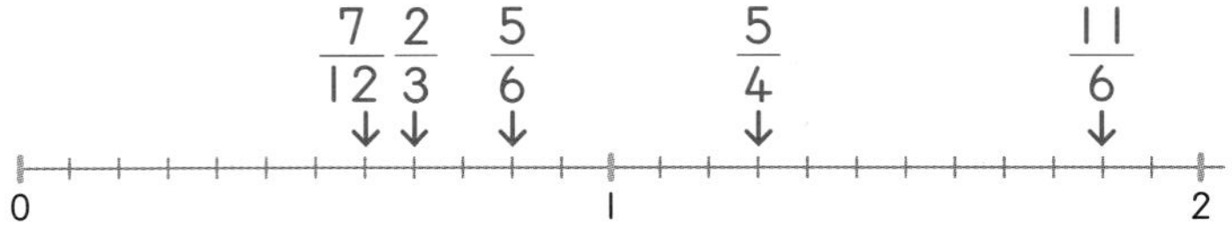

❷ $\frac{5}{8}$ $\frac{3}{4}$ $\frac{15}{8}$ $\frac{3}{2}$ $\frac{7}{4}$

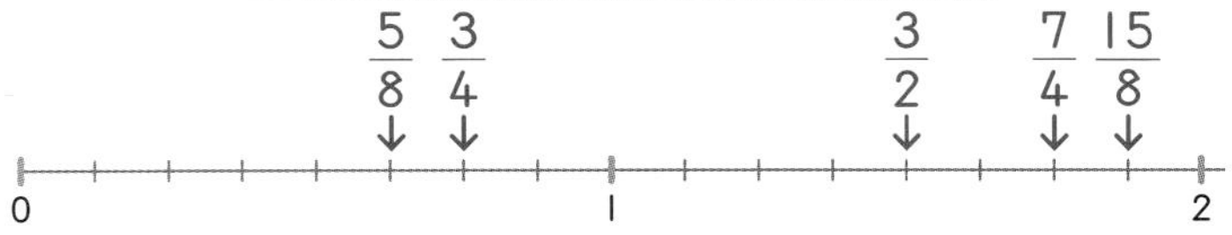

잘 공부했는지 알아봅시다

월 일

1 수직선에 ↓로 나타난 분수만큼 색칠한 것에 ○표 하시오.

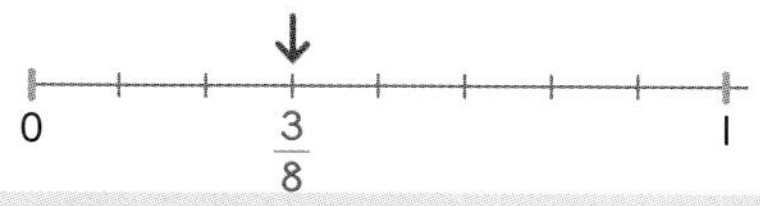

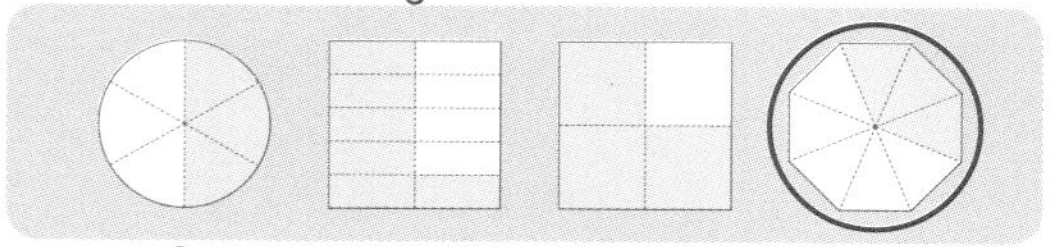

$\frac{3}{6}$ $\frac{4}{10}$ $\frac{3}{4}$ $\frac{3}{8}$

0과 1 사이가 8칸으로 나누어져 있고 0에서부터 3번째 눈금이므로 $\frac{3}{8}$입니다.

2 분수를 수직선에 ↓로 나타내어 보시오.

$\frac{2}{7}$ $\frac{7}{7}$ $\frac{13}{7}$

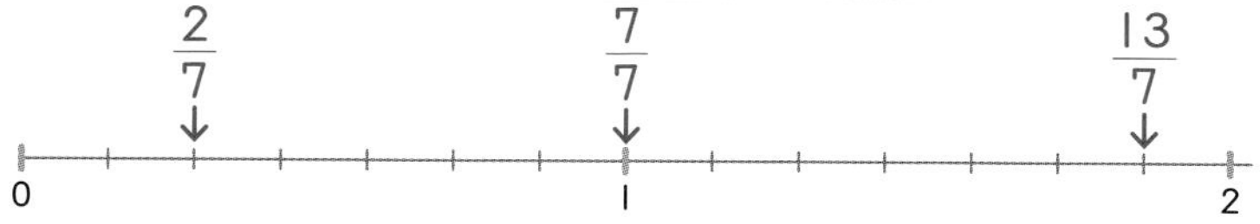

3 분수를 수직선에 ↓ 또는 ↑로 나타내고, 크기가 같은 두 분수에 ○표 하시오.

$\frac{3}{8}$ $\frac{5}{8}$ ($\frac{6}{8}$) $\frac{1}{4}$ $\frac{2}{4}$ ($\frac{3}{4}$)

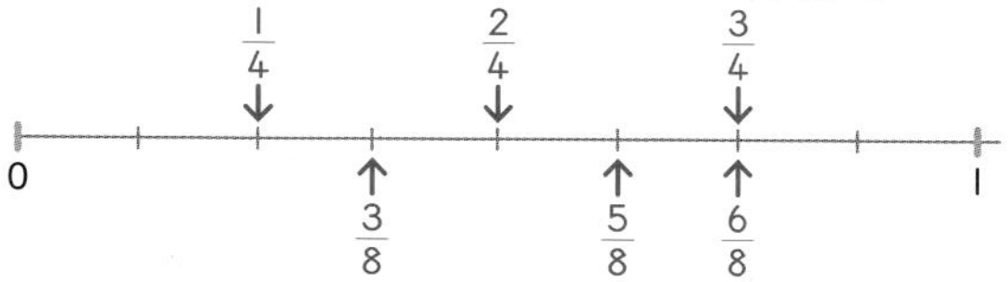

월 일

621 여러 가지 분수

◆ 관계있는 것끼리 선으로 이으시오.

분수	설명	이름
$\frac{6}{6}$	분자가 분모보다 작은 분수	가분수
$3\frac{1}{4}$	분자가 분모와 같거나 큰 분수	진분수
$\frac{3}{10}$	자연수와 진분수로 이루어진 분수	대분수

(연결: $\frac{6}{6}$ — 분자가 분모와 같거나 큰 분수 — 가분수, $3\frac{1}{4}$ — 자연수와 진분수로 이루어진 분수 — 대분수, $\frac{3}{10}$ — 분자가 분모보다 작은 분수 — 진분수)

❶

분수	설명	이름
$\frac{1}{8}$	분자가 분모보다 작은 분수	진분수
$\frac{11}{2}$	자연수와 진분수로 이루어진 분수	가분수
$1\frac{1}{2}$	분자가 분모와 같거나 큰 분수	대분수

(연결: $\frac{1}{8}$ — 분자가 분모보다 작은 분수 — 진분수, $\frac{11}{2}$ — 분자가 분모와 같거나 큰 분수 — 가분수, $1\frac{1}{2}$ — 자연수와 진분수로 이루어진 분수 — 대분수)

❷

분수	설명	이름
$\frac{7}{8}$	분자가 분모와 같거나 큰 분수	대분수
$1\frac{1}{8}$	분자가 분모보다 작은 분수	진분수
$\frac{8}{7}$	자연수와 진분수로 이루어진 분수	가분수

(연결: $\frac{7}{8}$ — 분자가 분모보다 작은 분수 — 진분수, $1\frac{1}{8}$ — 자연수와 진분수로 이루어진 분수 — 대분수, $\frac{8}{7}$ — 분자가 분모와 같거나 큰 분수 — 가분수)

$\frac{1}{6}$, $\frac{2}{6}$와 같이 분자가 분모보다 작은 분수를 진분수, $\frac{6}{6}$, $\frac{7}{6}$과 같이 분자가 분모와 같거나 분모보다 큰 분수를 가분수, $1\frac{1}{6}$과 같이 자연수와 진분수로 이루어진 분수를 대분수라고 합니다. 1, 2, 3과 같은 수를 자연수라고 합니다.

◆ 맞지 않는 것에 ×표 하시오.

(보기) 진분수: $\frac{4}{7}$, ~~$\frac{6}{4}$~~, ~~$1\frac{1}{2}$~~, $\frac{3}{10}$

❶ 가분수: $\frac{3}{2}$, ~~$\frac{2}{3}$~~, $\frac{7}{7}$, ~~$1\frac{1}{3}$~~

❷ 대분수: ~~$\frac{7}{3}$~~, $1\frac{6}{7}$, ~~$\frac{4}{9}$~~, $2\frac{4}{5}$

❸ 가분수: $\frac{11}{10}$, $\frac{11}{8}$, ~~$\frac{8}{11}$~~, ~~$1\frac{1}{8}$~~

❹ 진분수: $\frac{5}{6}$, $\frac{4}{6}$, ~~$1\frac{1}{6}$~~, ~~$\frac{6}{6}$~~

❺ 대분수: ~~$\frac{2}{3}$~~, $3\frac{2}{3}$, $2\frac{2}{3}$, ~~$\frac{3}{2}$~~

❻ 가분수: $\frac{5}{5}$, $\frac{11}{5}$, ~~$\frac{5}{11}$~~, ~~$1\frac{1}{5}$~~

❼ 대분수: ~~$\frac{3}{7}$~~, $3\frac{1}{7}$, $3\frac{2}{7}$, ~~$\frac{7}{3}$~~

❽ 진분수: $\frac{8}{9}$, ~~$\frac{9}{9}$~~, ~~$1\frac{5}{9}$~~, $\frac{7}{9}$

622 분수 만들기

◐ 숫자 카드 중 두 장을 사용하여 만들 수 있는 진분수를 모두 찾아 ○표 하시오.

(예시) 카드: 2, 3, 7 — ($\frac{3}{7}$) $\frac{3}{2}$ ($\frac{2}{3}$) $\frac{7}{2}$ ($\frac{2}{7}$)

❶ 카드: 4, 9, 5 — $\frac{9}{5}$ ($\frac{4}{9}$) ($\frac{4}{5}$) $\frac{9}{4}$ ($\frac{5}{9}$)

❷ 카드: 8, 3, 6 — ($\frac{3}{8}$) $\frac{8}{6}$ ($\frac{3}{6}$) ($\frac{6}{8}$) $\frac{8}{3}$

◐ 숫자 카드 중 두 장을 사용하여 만들 수 있는 가분수를 모두 찾아 ○표 하시오.

(예시) 카드: 4, 3, 7 — ($\frac{4}{3}$) $\frac{3}{7}$ ($\frac{7}{4}$) $\frac{4}{7}$ ($\frac{7}{3}$)

❸ 카드: 6, 2, 3 — ($\frac{3}{2}$) ($\frac{6}{2}$) $\frac{2}{3}$ $\frac{3}{6}$ ($\frac{6}{3}$)

❹ 카드: 7, 5, 8 — $\frac{5}{7}$ ($\frac{8}{7}$) ($\frac{7}{5}$) ($\frac{8}{5}$) $\frac{7}{8}$

◑ 숫자 카드 중 두 장을 사용하여 만들 수 있는 진분수와 가분수를 모두 쓰시오.

(예시) 카드: 4, 6, 7 — 진분수 : $\frac{4}{6}$ $\frac{4}{7}$ $\frac{6}{7}$ 가분수 : $\frac{6}{4}$ $\frac{7}{4}$ $\frac{7}{6}$

❶ 카드: 3, 5, 4 — 진분수 : $\frac{3}{4}$ $\frac{3}{5}$ $\frac{4}{5}$ 가분수 : $\frac{4}{3}$ $\frac{5}{3}$ $\frac{5}{4}$

❷ 카드: 9, 2, 7 — 진분수 : $\frac{2}{7}$ $\frac{2}{9}$ $\frac{7}{9}$ 가분수 : $\frac{7}{2}$ $\frac{9}{2}$ $\frac{9}{7}$

❸ 카드: 8, 3, 5 — 진분수 : $\frac{3}{5}$ $\frac{3}{8}$ $\frac{5}{8}$ 가분수 : $\frac{5}{3}$ $\frac{8}{3}$ $\frac{8}{5}$

❹ 카드: 2, 3, 9 — 진분수 : $\frac{2}{3}$ $\frac{2}{9}$ $\frac{3}{9}$ 가분수 : $\frac{3}{2}$ $\frac{9}{2}$ $\frac{9}{3}$

❺ 카드: 4, 6, 2 — 진분수 : $\frac{2}{4}$ $\frac{2}{6}$ $\frac{4}{6}$ 가분수 : $\frac{4}{2}$ $\frac{6}{2}$ $\frac{6}{4}$

❻ 카드: 8, 4, 7 — 진분수 : $\frac{4}{7}$ $\frac{4}{8}$ $\frac{7}{8}$ 가분수 : $\frac{7}{4}$ $\frac{8}{4}$ $\frac{8}{7}$

623 분수 수수께끼

월 일

◐ 분수를 보고 맞으면 ○표, 틀리면 ×표 하시오.

$\frac{4}{7}$
- 분자가 분모보다 작습니다. (○)
- 분모는 4입니다. 분모는 7입니다. (×)
- 대분수입니다. 진분수입니다. (×)

❶ $\frac{9}{7}$
- 분자와 분모의 차가 3입니다. (×)
- 1보다 큽니다. 분자가 분모보다 큰 분수는 1보다 큽니다. (○)
- 진분수입니다. 가분수입니다. (×)

❷ $\frac{9}{9}$
- 분자와 분모의 합이 16입니다. (×)
- 1과 크기가 같습니다. 분자와 분모가 같으면 1과 크기가 같습니다. (○)
- 분자가 분모와 같거나 큽니다. (○)

❸ $\frac{4}{8}$
- 분모가 분자의 2배입니다. (○)
- $\frac{1}{2}$과 크기가 같습니다. (○)
- 가분수입니다. (×)

❹ $\frac{7}{6}$
- 분자와 분모의 차가 1입니다. (○)
- 1보다 작습니다. (×)
- 분자와 분모의 합이 13입니다. (○)

◐ 나는 얼마입니까?

$\frac{5}{5}$
- 분자와 분모의 합이 10입니다.
- 분자와 분모가 같습니다.

분자와 분모가 같고 합이 10이므로 분자와 분모는 모두 10÷2=5입니다.

❶ $\frac{5}{10}$
- 분자와 분모의 차가 5입니다.
- $\frac{1}{2}$과 크기가 같습니다.

$\frac{1}{2}$과 크기가 같으므로 분모는 분자의 2배입니다.

❷ $\frac{9}{7}$
- 분모가 7인 가분수입니다.
- 분자와 분모의 차가 2입니다.

❸ $\frac{3}{9}$
- 분자가 3인 진분수입니다.
- 분자와 분모의 차가 6입니다.

❹ $\frac{6}{5}$
- 분자와 분모의 차가 1입니다.
- 분자와 분모의 합이 11인 가분수입니다.

❺ $\frac{9}{9}$
- 분자와 분모의 합이 18입니다.
- 1과 크기가 같습니다.

624 조건과 분수

◐ 조건에 맞는 분수에 모두 ○표 하시오.

(예) 조건: 분모가 7인 진분수

(○ $\frac{5}{7}$) $\frac{6}{8}$ $\frac{9}{7}$ $\frac{7}{7}$ (○ $\frac{6}{7}$)

진분수이므로 분자가 7보다 작은 분수입니다.

❶ 조건: 분자가 6인 가분수

$\frac{6}{8}$ (○ $\frac{6}{6}$) $\frac{6}{7}$ (○ $\frac{6}{5}$) $\frac{7}{6}$

가분수이므로 분모가 6과 같거나 6보다 작은 분수입니다.

❷ 조건: 1과 크기가 같은 가분수

(○ $\frac{3}{3}$) $\frac{4}{3}$ (○ $\frac{4}{4}$) $\frac{4}{5}$ $\frac{5}{4}$

❸ 조건: 분자와 분모의 합이 10인 진분수

(○ $\frac{3}{7}$) $\frac{8}{2}$ (○ $\frac{1}{9}$) $\frac{1}{10}$ $\frac{5}{5}$

❹ 조건: 분자와 분모의 차가 1인 가분수

$\frac{5}{6}$ (○ $\frac{7}{6}$) $\frac{6}{7}$ $\frac{7}{7}$ (○ $\frac{8}{7}$)

❺ 조건: 분모가 4인 진분수

$\frac{7}{4}$ (○ $\frac{3}{4}$) $\frac{5}{4}$ $\frac{6}{4}$ (○ $\frac{2}{4}$)

◑ 조건에 맞는 분수를 모두 쓰시오.

(예) 분모가 5인 진분수

$\frac{1}{5}$ $\frac{2}{5}$ $\frac{3}{5}$ $\frac{4}{5}$

❶ 분자가 4인 가분수

$\frac{4}{2}$ $\frac{4}{3}$ $\frac{4}{4}$

❷ 분자와 분모의 합이 9인 진분수

$\frac{1}{8}$ $\frac{2}{7}$ $\frac{3}{6}$ $\frac{4}{5}$

❸ 분자와 분모의 합이 8인 가분수

$\frac{6}{2}$ $\frac{5}{3}$ $\frac{4}{4}$

❹ 분자와 분모의 차가 1이고 분모와 분자의 합이 10보다 작은 진분수

$\frac{1}{2}$ $\frac{2}{3}$ $\frac{3}{4}$ $\frac{4}{5}$

❺ 분자와 분모의 합이 5보다 작은 진분수

$\frac{1}{3}$ $\frac{1}{2}$

❻ 분모와 분자의 합이 6인 진분수

$\frac{2}{4}$ $\frac{1}{5}$

❼ 분모는 6보다 작고 분자는 2보다 큰 진분수

$\frac{3}{4}$ $\frac{3}{5}$ $\frac{4}{5}$

❽ 분모는 4보다 크고 분자는 7보다 작은 가분수

$\frac{5}{5}$ $\frac{6}{5}$ $\frac{6}{6}$

❾ 분모와 분자의 합이 10, 차가 2인 분수

$\frac{6}{4}$ $\frac{4}{6}$

잘 공부했는지 알아봅시다

월 일

1 진분수는 ○표, 가분수는 △표 하시오.

$2\frac{1}{3}$ △ $\frac{8}{3}$ ○ $\frac{4}{7}$ $1\frac{1}{2}$

△ $\frac{10}{7}$ ○ $\frac{3}{4}$ ○ $\frac{7}{10}$ △ $\frac{5}{5}$

2 자연수와 진분수로 이루어진 분수를 대분수라 합니다. 오른쪽 분수가 대분수가 아닌 이유를 쓰시오.

$9\frac{6}{5}$

대분수는 자연수와 진분수로 이루어진 분수인데, $9\frac{6}{5}$은 자연수와 가분수로 이루어진 분수이므로 대분수가 아닙니다.

3 숫자 카드 중에서 두 장을 사용하여 만들 수 있는 진분수를 세 개 쓰시오.

7 4 6

$\frac{4}{6}$ $\frac{4}{7}$ $\frac{6}{7}$

4 나는 얼마입니까?

• 나는 분자가 7인 가분수입니다.
• 나는 분자와 분모의 합이 12입니다.

$\frac{7}{5}$

7 + [5] = 12

625 그림과 분수 덧셈

◐ 더하는 분수만큼 색칠하고, □ 안에 알맞은 수를 써넣으시오.

예시 답안과 색칠한 칸의 위치가 달라도 칸의 개수가 같으면 정답입니다.

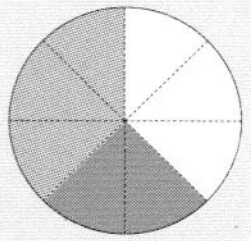

$\frac{3}{8}+\frac{2}{8}=\frac{\boxed{5}}{8}$

❶

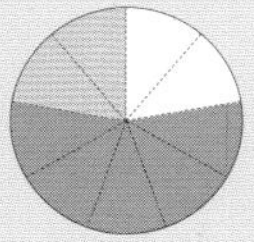

$\frac{2}{9}+\frac{5}{9}=\frac{\boxed{7}}{9}$

❷

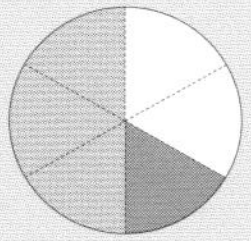

$\frac{3}{6}+\frac{1}{6}=\frac{\boxed{4}}{6}$

❸

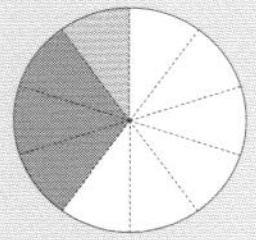

$\frac{1}{10}+\frac{3}{10}=\frac{\boxed{4}}{10}$

❹

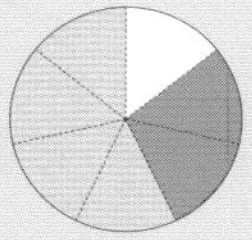

$\frac{4}{7}+\frac{2}{7}=\frac{\boxed{6}}{7}$

❺

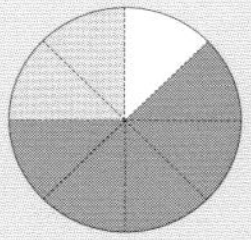

$\frac{2}{8}+\frac{5}{8}=\frac{\boxed{7}}{8}$

❻

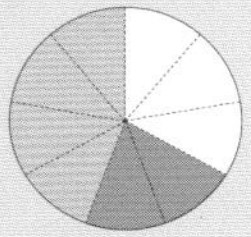

$\frac{4}{9}+\frac{2}{9}=\frac{\boxed{6}}{9}$

❼

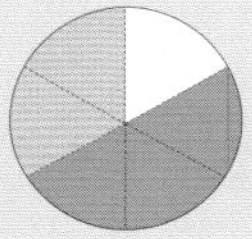

$\frac{2}{6}+\frac{3}{6}=\frac{\boxed{5}}{6}$

❽

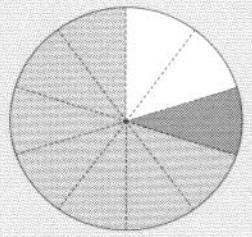

$\frac{7}{10}+\frac{1}{10}=\frac{\boxed{8}}{10}$

◐ 더하는 분수만큼 색칠하고, □ 안에 알맞은 수를 써넣으시오.

예시 답안과 색칠한 칸의 위치가 달라도 칸의 개수가 같으면 정답입니다.

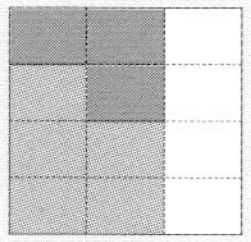

$\frac{\boxed{5}}{12}+\frac{3}{12}=\frac{\boxed{8}}{\boxed{12}}$

❶

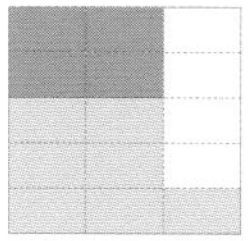

$\frac{\boxed{7}}{15}+\frac{4}{15}=\frac{\boxed{11}}{\boxed{15}}$

❷

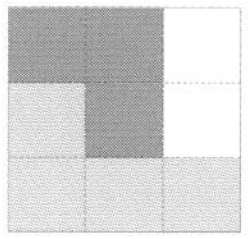

$\frac{\boxed{4}}{9}+\frac{3}{9}=\frac{\boxed{7}}{\boxed{9}}$

❸

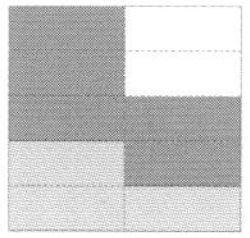

$\frac{\boxed{3}}{10}+\frac{5}{10}=\frac{\boxed{8}}{\boxed{10}}$

❹

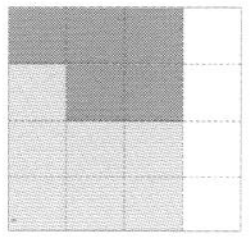

$\frac{\boxed{7}}{16}+\frac{5}{16}=\frac{\boxed{12}}{\boxed{16}}$

❺

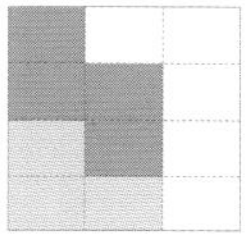

$\frac{\boxed{3}}{12}+\frac{4}{12}=\frac{\boxed{7}}{\boxed{12}}$

626 단위분수와 분수 덧셈

월 일

◐ □ 안에 알맞은 수를 써넣으시오.

$\frac{3}{5}$은 $\frac{1}{5}$이 3 개
$\frac{4}{5}$는 $\frac{1}{5}$이 4 개
$\frac{3}{5}+\frac{4}{5}$는 $\frac{1}{5}$이 7 개

$\frac{3}{5}+\frac{4}{5}=\frac{7}{5}$

❶ $\frac{4}{11}$는 $\frac{1}{11}$이 4 개
$\frac{5}{11}$는 $\frac{1}{11}$이 5 개
$\frac{4}{11}+\frac{5}{11}$는 $\frac{1}{11}$이 9 개

$\frac{4}{11}+\frac{5}{11}=\frac{9}{11}$

❷ $\frac{3}{8}$은 $\frac{1}{8}$이 3 개
$\frac{6}{8}$은 $\frac{1}{8}$이 6 개
$\frac{3}{8}+\frac{6}{8}$은 $\frac{1}{8}$이 9 개

$\frac{3}{8}+\frac{6}{8}=\frac{9}{8}$

❸ $\frac{5}{9}$는 $\frac{1}{9}$이 5 개
$\frac{7}{9}$은 $\frac{1}{9}$이 7 개
$\frac{5}{9}+\frac{7}{9}$은 $\frac{1}{9}$이 12 개

$\frac{5}{9}+\frac{7}{9}=\frac{12}{9}$

분모가 같은 분수의 덧셈은 분모는 그대로 쓰고 분자끼리 더합니다.

◑ □ 안에 알맞은 수를 써넣으시오.

$\frac{3}{6}+\frac{5}{6}=\frac{3+5}{6}=\frac{8}{6}$

❶ $\frac{2}{9}+\frac{8}{9}=\frac{2+8}{9}=\frac{10}{9}$

❷ $\frac{2}{5}+\frac{4}{5}=\frac{2+4}{5}=\frac{6}{5}$

❸ $\frac{7}{6}+\frac{8}{6}=\frac{7+8}{6}=\frac{15}{6}$

❹ $\frac{4}{9}+\frac{7}{9}=\frac{4+7}{9}=\frac{11}{9}$

❺ $\frac{1}{7}+\frac{6}{7}=\frac{1+6}{7}=\frac{7}{7}$

❻ $\frac{9}{11}+\frac{8}{11}=\frac{9+8}{11}=\frac{17}{11}$

❼ $\frac{6}{8}+\frac{5}{8}=\frac{6+5}{8}=\frac{11}{8}$

❽ $\frac{10}{9}+\frac{10}{9}=\frac{10+10}{9}=\frac{20}{9}$

❾ $\frac{5}{12}+\frac{11}{12}=\frac{5+11}{12}=\frac{16}{12}$

627 수직선과 분수 덧셈

◐ 수직선의 빈칸에 알맞은 수를 쓰고 덧셈식을 완성하시오.

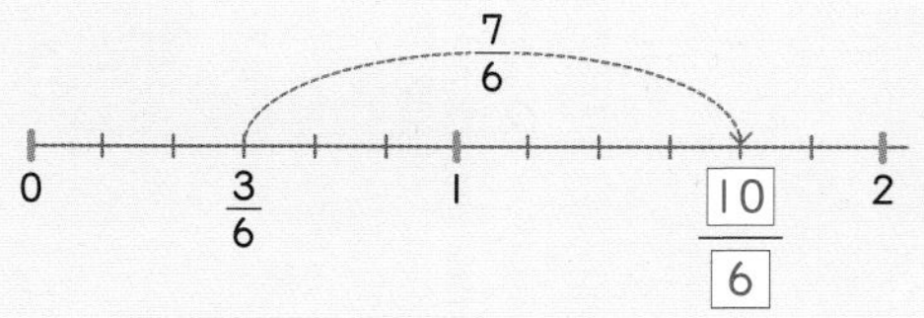

$\frac{3}{6}+\frac{7}{6}=\frac{\boxed{10}}{\boxed{6}}$

❶

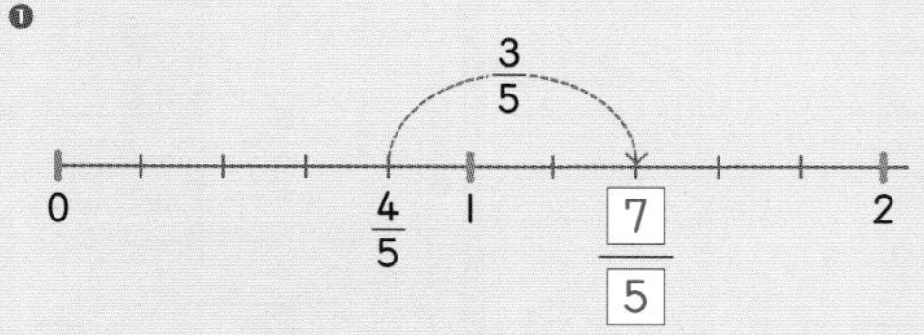

$\frac{4}{5}+\frac{3}{5}=\frac{\boxed{7}}{\boxed{5}}$

❷

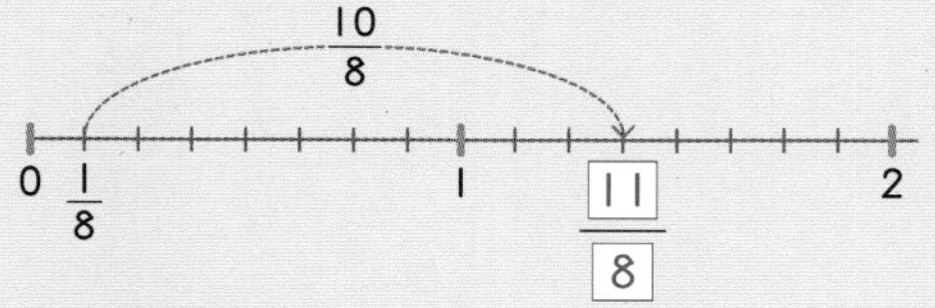

$\frac{1}{8}+\frac{10}{8}=\frac{\boxed{11}}{\boxed{8}}$

❸

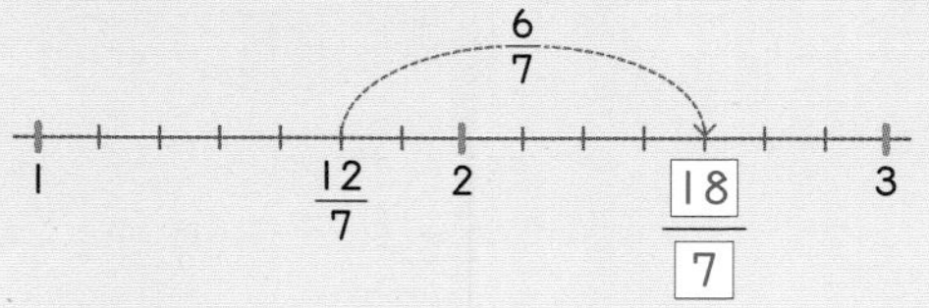

$\frac{12}{7}+\frac{6}{7}=\frac{\boxed{18}}{\boxed{7}}$

월 일

◑ 수직선의 빈칸에 알맞은 수를 쓰고 덧셈식을 완성하시오.

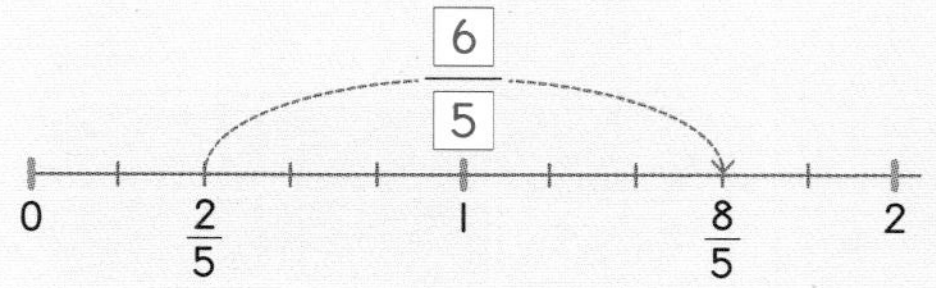

$\frac{2}{5}+\frac{\boxed{6}}{\boxed{5}}=\frac{8}{5}$

❶

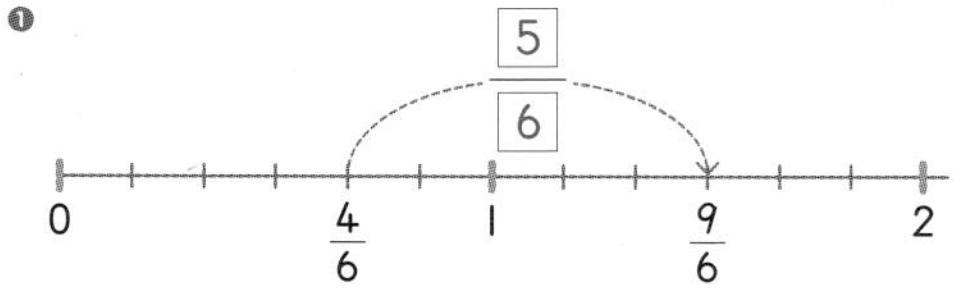

$\frac{4}{6}+\frac{\boxed{5}}{\boxed{6}}=\frac{9}{6}$

❷

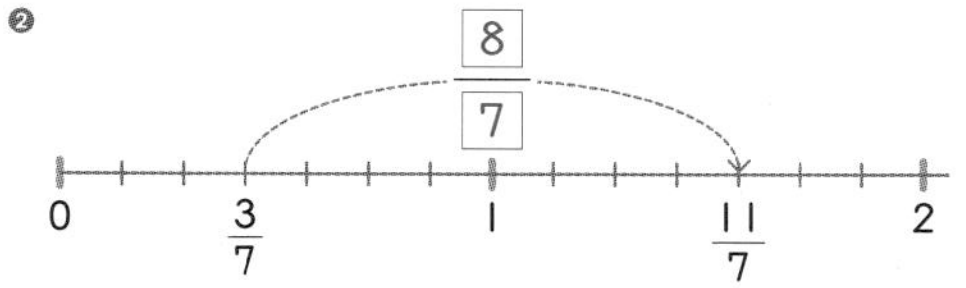

$\frac{3}{7}+\frac{\boxed{8}}{\boxed{7}}=\frac{11}{7}$

❸

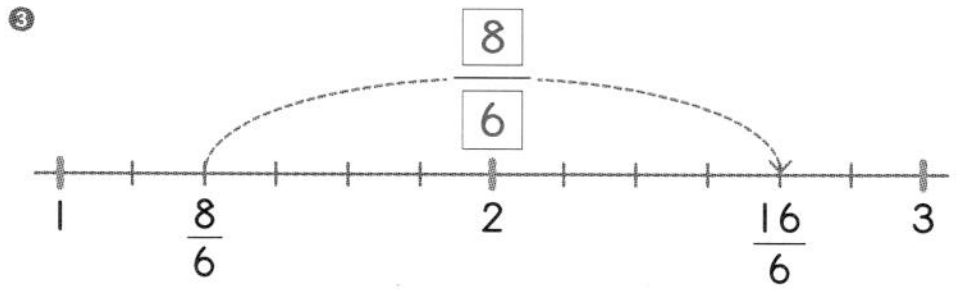

$\frac{8}{6}+\frac{\boxed{8}}{\boxed{6}}=\frac{16}{6}$

628 분수 덧셈표

● 빈칸에 알맞은 분수를 써넣으시오.

가로줄과 세로줄이 만나는 곳에 두 수의 합을 씁니다.

+	$\frac{1}{7}$	$\frac{5}{7}$
$\frac{4}{7}$	$\frac{5}{7}$	$\frac{9}{7}$
$\frac{3}{7}$	$\frac{4}{7}$	$\frac{8}{7}$

❶

+	$\frac{7}{11}$	$\frac{4}{11}$
$\frac{1}{11}$	$\frac{8}{11}$	$\frac{5}{11}$
$\frac{5}{11}$	$\frac{12}{11}$	$\frac{9}{11}$

❷

+	$\frac{3}{8}$	$\frac{6}{8}$
$\frac{2}{8}$	$\frac{5}{8}$	$\frac{8}{8}$
$\frac{5}{8}$	$\frac{8}{8}$	$\frac{11}{8}$

❸

+	$\frac{4}{6}$	$\frac{1}{6}$
$\frac{3}{6}$	$\frac{7}{6}$	$\frac{4}{6}$
$\frac{2}{6}$	$\frac{6}{6}$	$\frac{3}{6}$

❹

+	$\frac{4}{9}$	$\frac{6}{9}$
$\frac{1}{9}$	$\frac{5}{9}$	$\frac{7}{9}$
$\frac{8}{9}$	$\frac{12}{9}$	$\frac{14}{9}$

❺

+	$\frac{2}{10}$	$\frac{3}{10}$
$\frac{7}{10}$	$\frac{9}{10}$	$\frac{10}{10}$
$\frac{5}{10}$	$\frac{7}{10}$	$\frac{8}{10}$

월 일

● 빈칸에 알맞은 분수를 써넣으시오.

순서를 생각하여 해결합니다. 가로줄과 세로줄의 수부터 구합니다.

$\frac{3}{8}+\boxed{\frac{4}{8}}=\frac{7}{8}$

$\boxed{\frac{1}{8}}+\frac{6}{8}=\frac{7}{8}$

+	$\frac{6}{8}$	$\frac{4}{8}$
$\frac{3}{8}$	$\frac{9}{8}$	$\frac{7}{8}$
$\frac{1}{8}$	$\frac{7}{8}$	$\frac{5}{8}$

❶

$\frac{4}{12}+\boxed{\frac{5}{12}}=\frac{9}{12}$

$\boxed{\frac{6}{12}}+\frac{7}{12}=\frac{13}{12}$

+	$\frac{7}{12}$	$\frac{5}{12}$
$\frac{6}{12}$	$\frac{13}{12}$	$\frac{11}{12}$
$\frac{4}{12}$	$\frac{11}{12}$	$\frac{9}{12}$

❷

+	$\frac{3}{5}$	$\frac{6}{5}$
$\frac{1}{5}$	$\frac{4}{5}$	$\frac{7}{5}$
$\frac{2}{5}$	$\frac{5}{5}$	$\frac{8}{5}$

❸

+	$\frac{6}{9}$	$\frac{5}{9}$
$\frac{4}{9}$	$\frac{10}{9}$	$\frac{9}{9}$
$\frac{8}{9}$	$\frac{14}{9}$	$\frac{13}{9}$

❹

+	$\frac{6}{11}$	$\frac{1}{11}$
$\frac{9}{11}$	$\frac{15}{11}$	$\frac{10}{11}$
$\frac{7}{11}$	$\frac{13}{11}$	$\frac{8}{11}$

❺

+	$\frac{3}{8}$	$\frac{7}{8}$
$\frac{6}{8}$	$\frac{9}{8}$	$\frac{13}{8}$
$\frac{4}{8}$	$\frac{7}{8}$	$\frac{11}{8}$

잘 공부했는지 알아봅시다

월 일

1 □ 안에 알맞은 수를 써넣으시오. 　분모가 같은 분수의 덧셈은 분모는 그대로 쓰고 분자는 더합니다.

$\frac{3}{9}+\frac{7}{9}$은 $\frac{1}{9}$이 10 개이므로 $\frac{3}{9}+\frac{7}{9}=\frac{10}{9}$

2 수직선에 ↓가 나타내는 분수를 쓰고, 두 수의 합을 대분수로 나타내시오. $1\frac{4}{10}$

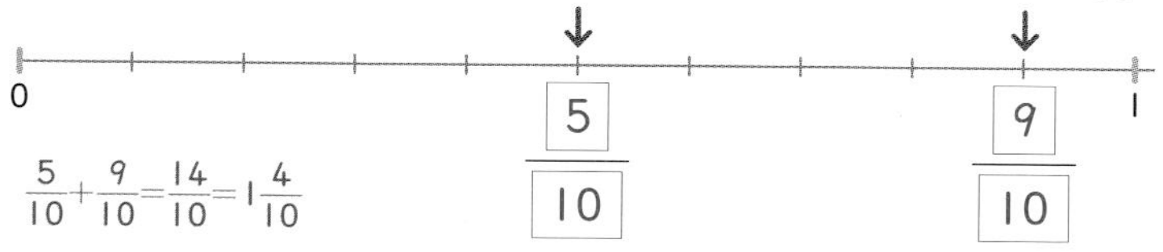

$\frac{5}{10}+\frac{9}{10}=\frac{14}{10}=1\frac{4}{10}$

3 빈칸에 알맞은 분수를 써넣으시오.

❶ $\frac{3}{7}$ → $+\frac{3}{7}$ → $\frac{6}{7}$ → $+\frac{5}{7}$ → $\frac{11}{7}$

❷ $\frac{2}{8}$ → $+\frac{1}{8}$ → $\frac{3}{8}$ → $+\frac{7}{8}$ → $\frac{10}{8}$

4 분모가 3인 두 진분수의 합을 자연수로 나타내시오. 1

$\frac{1}{3}+\frac{2}{3}=\frac{3}{3}=1$, 분자와 분모가 같은 분수는 1과 같습니다.

629 그림과 분수 뺄셈

◐ 빼는 분수만큼 ×표 하고, □ 안에 알맞은 수를 써넣으시오. ×표한 칸의 위치가 달라도 ×표한 칸의 개수가 같으면 정답입니다.

$\frac{6}{8}-\frac{3}{8}=\frac{3}{8}$

❶ $\frac{7}{9}-\frac{5}{9}=\frac{2}{9}$

❷ $\frac{3}{6}-\frac{1}{6}=\frac{2}{6}$

❸ $\frac{3}{10}-\frac{2}{10}=\frac{1}{10}$

❹ $\frac{4}{7}-\frac{2}{7}=\frac{2}{7}$

❺ $\frac{5}{8}-\frac{4}{8}=\frac{1}{8}$

❻ $\frac{8}{9}-\frac{3}{9}=\frac{5}{9}$

❼ $\frac{4}{6}-\frac{1}{6}=\frac{3}{6}$

❽ $\frac{7}{10}-\frac{5}{10}=\frac{2}{10}$

월 일

◑ 빼는 분수만큼 ×표 하고, □ 안에 알맞은 수를 써넣으시오. ×표한 칸의 위치가 달라도 ×표한 칸의 개수가 같으면 정답입니다.

$\frac{8}{14}-\frac{5}{14}=\frac{3}{14}$

❶ $\frac{7}{10}-\frac{6}{10}=\frac{1}{10}$

❷ $\frac{5}{9}-\frac{3}{9}=\frac{2}{9}$

❸ $\frac{9}{10}-\frac{6}{10}=\frac{3}{10}$

❹ $\frac{10}{16}-\frac{4}{16}=\frac{6}{16}$

❺ $\frac{9}{12}-\frac{8}{12}=\frac{1}{12}$

630 단위분수와 분수 뺄셈

월 일

◐ □ 안에 알맞은 수를 써넣으시오.

$\frac{9}{8}$는 $\frac{1}{8}$이 9 개
$\frac{4}{8}$는 $\frac{1}{8}$이 4 개
$\frac{9}{8}-\frac{4}{8}$는 $\frac{1}{8}$이 5 개

$\frac{9}{8}-\frac{4}{8}=\frac{5}{8}$

❶
$\frac{7}{4}$은 $\frac{1}{4}$이 7 개
$\frac{2}{4}$는 $\frac{1}{4}$이 2 개
$\frac{7}{4}-\frac{2}{4}$는 $\frac{1}{4}$이 5 개

$\frac{7}{4}-\frac{2}{4}=\frac{5}{4}$

❷
$\frac{8}{11}$은 $\frac{1}{11}$이 8 개
$\frac{6}{11}$은 $\frac{1}{11}$이 6 개
$\frac{8}{11}-\frac{6}{11}$은 $\frac{1}{11}$이 2 개

$\frac{8}{11}-\frac{6}{11}=\frac{2}{11}$

❸
$\frac{7}{9}$은 $\frac{1}{9}$이 7 개
$\frac{3}{9}$은 $\frac{1}{9}$이 3 개
$\frac{7}{9}-\frac{3}{9}$은 $\frac{1}{9}$이 4 개

$\frac{7}{9}-\frac{3}{9}=\frac{4}{9}$

분모가 같은 분수의 뺄셈은 분모는 그대로 쓰고 분자끼리 뺍니다.

◑ □ 안에 알맞은 수를 써넣으시오.

$\frac{4}{5}-\frac{2}{5}=\frac{4-2}{5}=\frac{2}{5}$

❶ $\frac{6}{7}-\frac{1}{7}=\frac{6-1}{7}=\frac{5}{7}$

❷ $\frac{9}{8}-\frac{4}{8}=\frac{9-4}{8}=\frac{5}{8}$

❸ $\frac{8}{6}-\frac{5}{6}=\frac{8-5}{6}=\frac{3}{6}$

❹ $\frac{7}{7}-\frac{3}{7}=\frac{7-3}{7}=\frac{4}{7}$

❺ $\frac{5}{9}-\frac{2}{9}=\frac{5-2}{9}=\frac{3}{9}$

❻ $\frac{12}{13}-\frac{8}{13}=\frac{12-8}{13}=\frac{4}{13}$

❼ $\frac{8}{8}-\frac{6}{8}=\frac{8-6}{8}=\frac{2}{8}$

❽ $\frac{11}{10}-\frac{6}{10}=\frac{11-6}{10}=\frac{5}{10}$

❾ $\frac{7}{6}-\frac{4}{6}=\frac{7-4}{6}=\frac{3}{6}$

❿ $\frac{9}{12}-\frac{1}{12}=\frac{9-1}{12}=\frac{8}{12}$

⓫ $\frac{6}{7}-\frac{1}{7}=\frac{6-1}{7}=\frac{5}{7}$

631 수직선과 분수 뺄셈

◐ 수직선의 빈칸에 알맞은 수를 쓰고 뺄셈식을 완성하시오.

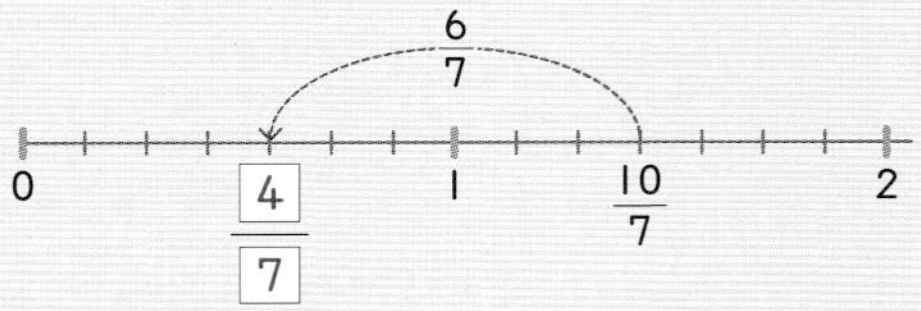

$\frac{10}{7}-\frac{6}{7}=\frac{4}{7}$

❶

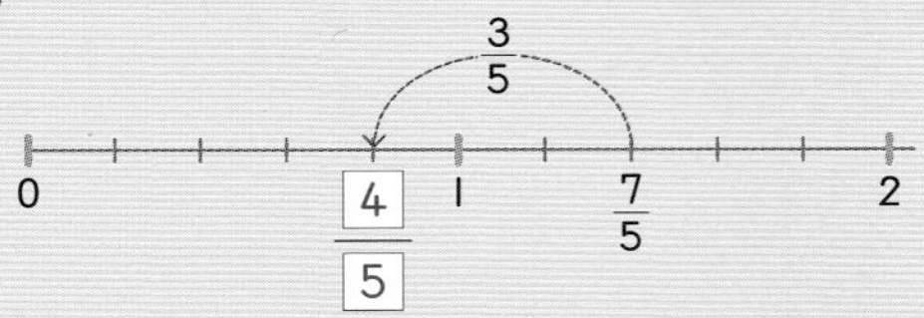

$\frac{7}{5}-\frac{3}{5}=\frac{4}{5}$

❷

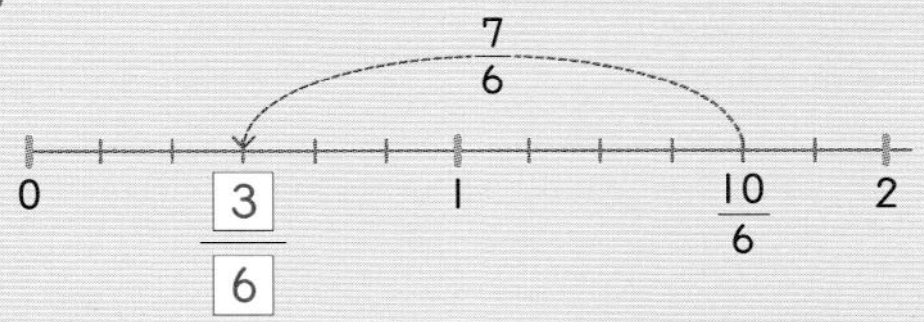

$\frac{10}{6}-\frac{7}{6}=\frac{3}{6}$

❸

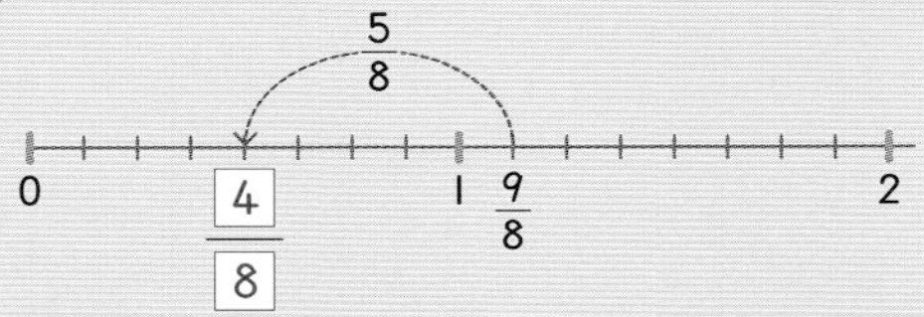

$\frac{9}{8}-\frac{5}{8}=\frac{4}{8}$

월 일

◐ 수직선의 빈칸에 알맞은 수를 쓰고 뺄셈식을 완성하시오.

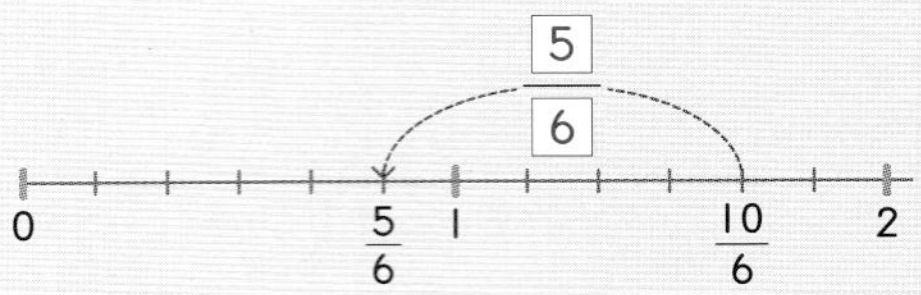

$\frac{10}{6}-\frac{5}{6}=\frac{5}{6}$

❶

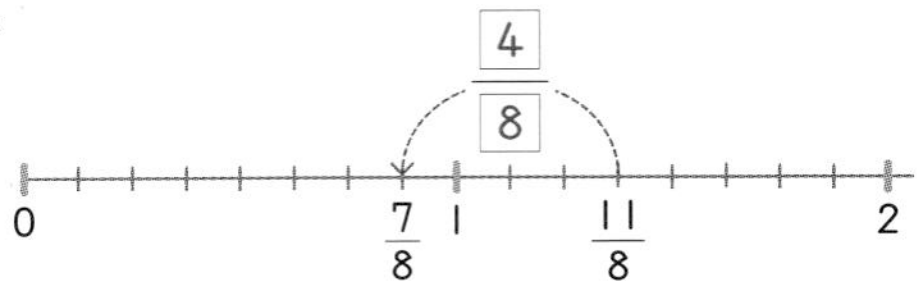

$\frac{11}{8}-\frac{4}{8}=\frac{7}{8}$

❷

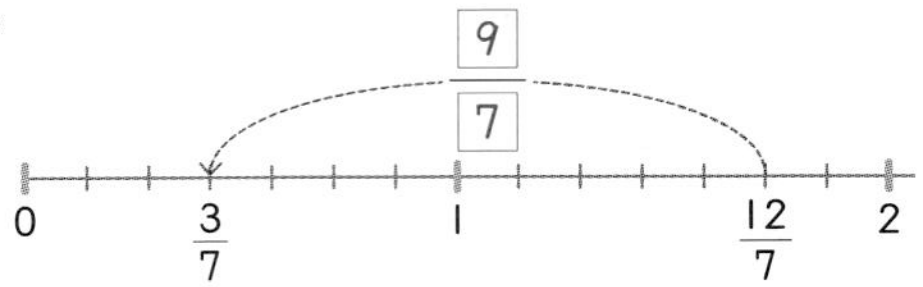

$\frac{12}{7}-\frac{9}{7}=\frac{3}{7}$

❸

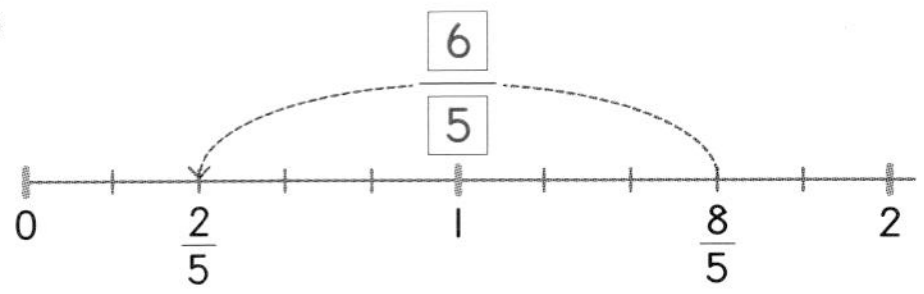

$\frac{8}{5}-\frac{6}{5}=\frac{2}{5}$

632 분수 하우스

월 일

◆ 뺄셈을 하여 빈칸에 알맞은 수를 써넣으시오.

(예) $-\frac{3}{9}$

$\frac{7}{9}$	$\frac{4}{9}$	$\frac{7}{9}-\frac{3}{9}$
$\frac{11}{9}$	$\frac{8}{9}$	$\frac{11}{9}-\frac{3}{9}$
$\frac{9}{9}$	$\frac{6}{9}$	$\frac{9}{9}-\frac{3}{9}$

❶ $-\frac{1}{8}$

$\frac{4}{8}$	$\frac{3}{8}$	$\frac{4}{8}-\frac{1}{8}$
$\frac{14}{8}$	$\frac{13}{8}$	$\frac{14}{8}-\frac{1}{8}$
$\frac{6}{8}$	$\frac{5}{8}$	$\frac{6}{8}-\frac{1}{8}$

❷ $-\frac{6}{7}$

$\frac{10}{7}$	$\frac{4}{7}$	$\frac{10}{7}-\frac{6}{7}$
$\frac{8}{7}$	$\frac{2}{7}$	$\frac{8}{7}-\frac{6}{7}$
$\frac{12}{7}$	$\frac{6}{7}$	$\frac{12}{7}-\frac{6}{7}$

❸ $-\frac{1}{5}$

$\frac{6}{5}$	$\frac{5}{5}$
$\frac{4}{5}$	$\frac{3}{5}$
$\frac{3}{5}$	$\frac{2}{5}$

❹ $-\frac{4}{11}$

$\frac{10}{11}$	$\frac{6}{11}$
$\frac{9}{11}$	$\frac{5}{11}$
$\frac{16}{11}$	$\frac{12}{11}$

❺ $-\frac{2}{12}$

$\frac{7}{12}$	$\frac{5}{12}$
$\frac{15}{12}$	$\frac{13}{12}$
$\frac{6}{12}$	$\frac{4}{12}$

◆ 빈칸에 알맞은 수를 써넣으시오.

○ 안의 수를 먼저 구합니다.

(예) $\frac{7}{10}-\frac{4}{10}=\frac{3}{10}$, $-\frac{4}{10}$

$\frac{7}{10}$	$\frac{3}{10}$	
$\frac{20}{10}$	$\frac{16}{10}$	$\frac{20}{10}-\frac{4}{10}$
$\frac{11}{10}$	$\frac{7}{10}$	$\boxed{\frac{11}{10}}-\frac{4}{10}$

❶ $\frac{11}{13}-\frac{6}{13}=\frac{5}{13}$, $-\frac{6}{13}$

$\frac{17}{13}$	$\frac{11}{13}$	$\boxed{\frac{17}{13}}-\frac{6}{13}$
$\frac{11}{13}$	$\frac{5}{13}$	
$\frac{9}{13}$	$\frac{3}{13}$	$\frac{9}{13}-\frac{6}{13}$

❷ $\frac{8}{9}-\frac{5}{9}=\frac{3}{9}$, $-\frac{5}{9}$

$\frac{15}{9}$	$\frac{10}{9}$	$\frac{15}{9}-\frac{5}{9}$
$\frac{12}{9}$	$\frac{7}{9}$	$\boxed{\frac{12}{9}}-\frac{5}{9}$
$\frac{8}{9}$	$\frac{3}{9}$	

❸ $-\frac{3}{8}$

$\frac{10}{8}$	$\frac{7}{8}$
$\frac{14}{8}$	$\frac{11}{8}$
$\frac{6}{8}$	$\frac{3}{8}$

❹ $-\frac{1}{7}$

$\frac{9}{7}$	$\frac{8}{7}$
$\frac{14}{7}$	$\frac{13}{7}$
$\frac{6}{7}$	$\frac{5}{7}$

❺ $-\frac{7}{11}$

$\frac{19}{11}$	$\frac{12}{11}$
$\frac{10}{11}$	$\frac{3}{11}$
$\frac{8}{11}$	$\frac{1}{11}$

잘 공부했는지 알아봅시다

월 일

1 □ 안에 알맞은 수를 써넣으시오.

$\frac{7}{8}-\frac{3}{8}$은 $\frac{1}{8}$이 [4]개이므로 $\frac{7}{8}-\frac{3}{8}=\frac{[4]}{8}$

분모가 같은 분수의 뺄셈은 분모는 그대로 쓰고 분자끼리는 뺍니다.

2 계산이 바르게 된 것에 ○표 하시오.

$\frac{4}{7}-\frac{1}{7}=\frac{2}{7}$ ($\frac{5}{6}-\frac{4}{6}=\frac{1}{6}$) ○ $\frac{6}{9}-\frac{3}{9}=\frac{3}{8}$ $\frac{4}{5}-\frac{3}{5}=\frac{7}{5}$

$\frac{4}{7}-\frac{1}{7}=\frac{3}{7}$ $\frac{6}{9}-\frac{3}{9}=\frac{3}{9}$ $\frac{4}{5}-\frac{3}{5}=\frac{1}{5}$

3 빈칸에 알맞은 분수를 써넣으시오.

❶ $-\frac{4}{7}$

$\frac{6}{7}$	$\frac{12}{7}$
$\frac{2}{7}$	$\frac{8}{7}$

$\frac{6}{7}-\frac{4}{7}$ $\frac{12}{7}-\frac{4}{7}$

❷ $-\frac{5}{9}$

$\frac{12}{9}$	$\frac{8}{9}$
$\frac{7}{9}$	$\frac{3}{9}$

$\frac{12}{9}-\frac{5}{9}$ $\frac{8}{9}-\frac{5}{9}$

4 □ 안에 알맞은 수를 써넣으시오.

❶ $\frac{8}{7}-\frac{[4]}{[7]}=\frac{4}{7}$

❷ $\frac{[5]}{[8]}-\frac{1}{8}=\frac{4}{8}$

633 가분수로 나타내기

◐ 대분수와 가분수로 나타내려고 합니다. □ 안에 알맞은 수를 써넣으시오.

$2\frac{5}{6}$

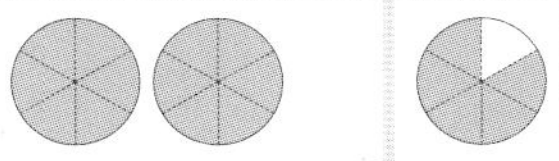

$2=\frac{\boxed{12}}{6}$ $\frac{\boxed{5}}{6}$

2×6=12

$2\frac{5}{6}=\boxed{2}+\frac{5}{6}$

$=\frac{\boxed{12}}{6}+\frac{\boxed{5}}{6}=\frac{\boxed{17}}{6}$

❶

$3\frac{3}{4}$

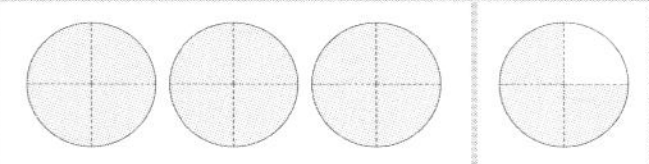

$3=\frac{\boxed{12}}{4}$ $\frac{\boxed{3}}{4}$

3×4=12

$3\frac{3}{4}=\boxed{3}+\frac{3}{4}$

$=\frac{\boxed{12}}{4}+\frac{\boxed{3}}{4}=\frac{\boxed{15}}{4}$

❷

$3\frac{2}{3}$

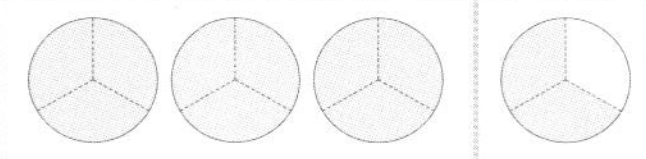

$3=\frac{\boxed{9}}{3}$ $\frac{\boxed{2}}{3}$

$3\frac{2}{3}=\boxed{3}+\frac{2}{3}$

$=\frac{\boxed{9}}{3}+\frac{\boxed{2}}{3}=\frac{\boxed{11}}{3}$

◐ 보기와 같이 ■ 안의 대분수를 가분수로 나타내시오.

$5\frac{3}{7}$

$5\frac{3}{7}=5+\frac{3}{7}$
$=\frac{35}{7}+\frac{3}{7}$
$=\frac{38}{7}$

❶ $2\frac{1}{5}$

$2\frac{1}{5}=2+\frac{1}{5}$
$=\frac{10}{5}+\frac{1}{5}$
$=\frac{11}{5}$

❷ $3\frac{3}{8}$

$3\frac{3}{8}=3+\frac{3}{8}$
$=\frac{24}{8}+\frac{3}{8}$
$=\frac{27}{8}$

❸ $4\frac{1}{3}$

$4\frac{1}{3}=4+\frac{1}{3}$
$=\frac{12}{3}+\frac{1}{3}$
$=\frac{13}{3}$

❹ $2\frac{3}{4}$

$2\frac{3}{4}=2+\frac{3}{4}$
$=\frac{8}{4}+\frac{3}{4}$
$=\frac{11}{4}$

❺ $5\frac{5}{8}$

$5\frac{5}{8}=5+\frac{5}{8}$
$=\frac{40}{8}+\frac{5}{8}$
$=\frac{45}{8}$

634 대분수로 나타내기

월 일

◐ 가분수만큼 색칠하고, 대분수로 나타내시오.

$2+\frac{4}{5}=2\frac{4}{5}$

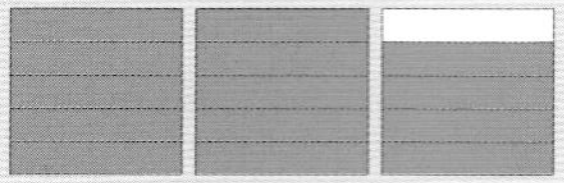

$\frac{14}{5}=2\frac{4}{5}$

❶ $2+\frac{1}{4}=2\frac{1}{4}$

$\frac{9}{4}=2\frac{1}{4}$

❷

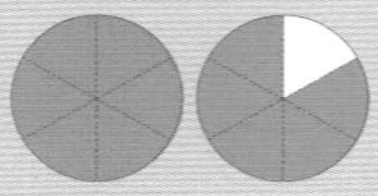

$\frac{11}{6}=1\frac{5}{6}$

❸

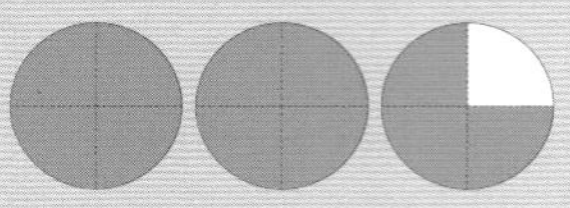

$\frac{11}{4}=2\frac{3}{4}$

❹

$\frac{11}{3}=3\frac{2}{3}$

❺

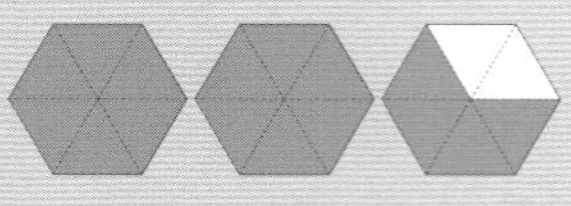

$\frac{16}{6}=2\frac{4}{6}$

대분수는 자연수와 진분수로 이루어진 분수입니다. 가분수를 대분수로 나타냈을 때 자연수와 가분수로 이루어진 분수가 나오지 않도록 주의합니다.

◐ 보기와 같이 ▇ 안의 가분수를 대분수로 나타내시오.

$\frac{15}{7}$

$\frac{15}{7}=\frac{14}{7}+\frac{1}{7}$
$=2+\frac{1}{7}$
$=2\frac{1}{7}$

❶ $\frac{11}{8}$

$\frac{11}{8}=\frac{8}{8}+\frac{3}{8}$
$=1+\frac{3}{8}$
$=1\frac{3}{8}$

❷ $\frac{15}{4}$

$\frac{15}{4}=\frac{12}{4}+\frac{3}{4}$
$=3+\frac{3}{4}$
$=3\frac{3}{4}$

❸ $\frac{9}{2}$

$\frac{9}{2}=\frac{8}{2}+\frac{1}{2}$
$=4+\frac{1}{2}$
$=4\frac{1}{2}$

❹ $\frac{10}{3}$

$\frac{10}{3}=\frac{9}{3}+\frac{1}{3}$
$=3+\frac{1}{3}$
$=3\frac{1}{3}$

❺ $\frac{26}{5}$

$\frac{26}{5}=\frac{25}{5}+\frac{1}{5}$
$=5+\frac{1}{5}$
$=5\frac{1}{5}$

635 선잇기

◐ 가분수를 대분수로 나타내려고 합니다. 빈칸을 채우시오.

$\frac{15}{4} = \frac{12}{4}+\frac{3}{4} = 3+\frac{3}{4} = 3\frac{3}{4}$

❶ $\frac{21}{5} = \frac{20}{5}+\frac{1}{5} = 4+\frac{1}{5} = 4\frac{1}{5}$

❷ $\frac{21}{8} = \frac{16}{8}+\frac{5}{8} = 2+\frac{5}{8} = 2\frac{5}{8}$

◐ 대분수를 가분수로 나타내려고 합니다. 빈칸을 채우시오.

$7\frac{2}{3} = 7+\frac{2}{3} = \frac{21}{3}+\frac{2}{3} = \frac{23}{3}$

❸ $5\frac{1}{6} = 5+\frac{1}{6} = \frac{30}{6}+\frac{1}{6} = \frac{31}{6}$

❹ $2\frac{2}{11} = 2+\frac{2}{11} = \frac{22}{11}+\frac{2}{11} = \frac{24}{11}$

◐ 관계있는 것끼리 선으로 이으시오.

$\frac{19}{6}$	$2\frac{1}{6}$	$\frac{8}{6}$
$1\frac{2}{6}$	$3\frac{1}{6}$	$\frac{13}{6}$

❶

$\frac{7}{5}$	$1\frac{7}{10}$	$\frac{7}{4}$
$\frac{17}{10}$	$1\frac{2}{5}$	$1\frac{3}{4}$

❷

$2\frac{2}{5}$	$\frac{17}{5}$	$3\frac{4}{5}$
$\frac{19}{5}$	$3\frac{2}{5}$	$\frac{12}{5}$

❸

$3\frac{2}{7}$	$\frac{17}{4}$	$1\frac{5}{7}$
$\frac{12}{7}$	$\frac{23}{7}$	$4\frac{1}{4}$

❹

$3\frac{1}{4}$	$\frac{27}{8}$	$7\frac{1}{4}$
$\frac{13}{4}$	$\frac{29}{4}$	$3\frac{3}{8}$

❺

$\frac{21}{9}$	$2\frac{3}{7}$	$\frac{23}{7}$
$2\frac{3}{9}$	$\frac{17}{7}$	$3\frac{2}{7}$

636 덧셈과 대분수

◐ 계산 결과를 대분수로 나타내려고 합니다. □ 안에 알맞은 수를 써넣으시오.

$\frac{3}{8}+\frac{7}{8}=\frac{10}{8}=1\frac{2}{8}$

① $\frac{8}{3}-\frac{1}{3}=\frac{7}{3}=2\frac{1}{3}$

② $\frac{8}{11}+\frac{13}{11}=\frac{21}{11}=1\frac{10}{11}$

③ $\frac{16}{9}-\frac{4}{9}=\frac{12}{9}=1\frac{3}{9}$

④ $\frac{5}{6}+\frac{4}{6}=\frac{9}{6}=1\frac{3}{6}$

⑤ $\frac{17}{7}-\frac{2}{7}=\frac{15}{7}=2\frac{1}{7}$

⑥ $\frac{15}{12}+\frac{8}{12}=\frac{23}{12}=1\frac{11}{12}$

⑦ $\frac{24}{10}-\frac{1}{10}=\frac{23}{10}=2\frac{3}{10}$

⑧ $\frac{11}{8}+\frac{14}{8}=\frac{25}{8}=3\frac{1}{8}$

⑨ $\frac{15}{4}-\frac{1}{4}=\frac{14}{4}=3\frac{2}{4}$

⑩ $\frac{6}{7}+\frac{10}{7}=\frac{16}{7}=2\frac{2}{7}$

⑪ $\frac{28}{5}-\frac{4}{5}=\frac{24}{5}=4\frac{4}{5}$

월 일

◐ 계산 결과를 대분수로 나타내시오.

$\frac{11}{7}+\frac{8}{7}=\frac{19}{7}=2\frac{5}{7}$

① $\frac{17}{8}-\frac{3}{8}=\frac{14}{8}=1\frac{6}{8}$

② $\frac{4}{9}+\frac{6}{9}=\frac{10}{9}=1\frac{1}{9}$

③ $\frac{11}{4}-\frac{1}{4}=\frac{10}{4}=2\frac{2}{4}$

④ $\frac{3}{5}+\frac{9}{5}=\frac{12}{5}=2\frac{2}{5}$

⑤ $\frac{10}{3}-\frac{2}{3}=\frac{8}{3}=2\frac{2}{3}$

⑥ $\frac{7}{11}+\frac{16}{11}=\frac{23}{11}=2\frac{1}{11}$

⑦ $\frac{31}{6}-\frac{5}{6}=\frac{26}{6}=4\frac{2}{6}$

⑧ $\frac{9}{8}+\frac{12}{8}=\frac{21}{8}=2\frac{5}{8}$

⑨ $\frac{25}{9}-\frac{2}{9}=\frac{23}{9}=2\frac{5}{9}$

⑩ $\frac{5}{4}+\frac{8}{4}=\frac{13}{4}=3\frac{1}{4}$

⑪ $\frac{30}{7}-\frac{4}{7}=\frac{26}{7}=3\frac{5}{7}$

⑫ $\frac{13}{12}+\frac{16}{12}=\frac{29}{12}=2\frac{5}{12}$

⑬ $\frac{21}{5}-\frac{3}{5}=\frac{18}{5}=3\frac{3}{5}$

잘 공부했는지 알아봅시다

월 일

1 다음은 가분수를 대분수로 고친 것입니다. 틀린 부분을 찾아 바르게 고치시오.

$$\frac{14}{5}=\frac{5}{5}+\frac{9}{5}=1+\frac{9}{5}=1\frac{9}{5}$$

→

$$\frac{14}{5}=\frac{10}{5}+\frac{4}{5}=2+\frac{4}{5}=2\frac{4}{5}$$

2 대분수를 가분수로, 가분수를 대분수로 바르게 나타낸 것을 찾아 선으로 이으시오.

$\frac{12}{7}=\frac{7}{7}+\frac{5}{7}=1\frac{5}{7}$ $\frac{12}{7}$ — $1\frac{5}{7}$

$2\frac{1}{7}$ — $\frac{15}{7}$ $\frac{15}{7}=\frac{14}{7}+\frac{1}{7}=2\frac{1}{7}$

$\frac{16}{7}=\frac{14}{7}+\frac{2}{7}=2\frac{2}{7}$ $\frac{16}{7}$ — $2\frac{2}{7}$

3 다섯 장의 숫자 카드가 있습니다. 숫자 카드 두 장을 사용하여 분모가 5인 가장 큰 대분수를 만들고 가분수로 나타내시오.

1 3 4 7 8

$8\frac{4}{5}$ → $\frac{44}{5}$

대분수는 자연수와 진분수로 이루어진 분수이므로 분자에 분모 5보다 큰 7과 8을 놓을 수 없습니다.

637 분수의 크기 비교

월 일

◐ 대분수를 가분수로 고치고 분수의 크기를 비교하여 ◯ 안에 >, =, <를 알맞게 써넣으시오.

(예) $\frac{5}{2}$ (<) $3\frac{1}{2}=\frac{7}{2}$

① $\frac{9}{5}$ (=) $1\frac{4}{5}=\frac{9}{5}$

② $\frac{13}{3}$ (>) $3\frac{2}{3}=\frac{11}{3}$

③ $\frac{6}{6}$ (<) $3\frac{1}{6}=\frac{19}{6}$

④ $\frac{15}{4}$ (<) $4\frac{3}{4}=\frac{19}{4}$

⑤ $\frac{11}{8}$ (>) $1\frac{1}{8}=\frac{9}{8}$

◐ 가분수를 대분수로 고치고 분수의 크기를 비교하여 ◯ 안에 >, =, <를 알맞게 써넣으시오.

(예) $6\frac{2}{7}$ (>) $\frac{29}{7}=4\frac{1}{7}$

⑥ $3\frac{1}{6}$ (<) $\frac{32}{6}=5\frac{2}{6}$

⑦ $4\frac{1}{8}$ (>) $\frac{31}{8}=3\frac{7}{8}$

⑧ $2\frac{6}{7}$ (>) $\frac{16}{7}=2\frac{2}{7}$

⑨ $3\frac{2}{5}$ (<) $\frac{18}{5}=3\frac{3}{5}$

⑩ $4\frac{1}{3}$ (=) $\frac{13}{3}=4\frac{1}{3}$

가분수와 대분수의 크기를 비교할 때에는 가분수 또는 대분수로 통일하여 분수의 크기를 비교합니다.
대분수는 자연수 부분이 클수록 큰 수입니다. 자연수 부분이 같은 경우 분수 부분이 클수록 큰 수입니다.
가분수는 분모가 같은 경우 분자가 클수록 큰 수이고, 분자가 같은 경우 분모가 작을수록 큰 수입니다.

◑ 분수의 크기를 비교하여 ◯ 안에 >, =, <를 알맞게 써넣으시오.

(예) $\frac{7}{4}$ (<) $\frac{9}{4}$

① $\frac{7}{11}$ (>) $\frac{4}{11}$

② $\frac{15}{8}$ (>) $\frac{9}{8}$

③ $2\frac{1}{3}$ (<) $3\frac{1}{3}$

④ $6\frac{2}{11}$ (>) $1\frac{10}{11}$

⑤ $4\frac{5}{12}$ (>) $2\frac{3}{12}$

⑥ $\frac{7}{3}$ (>) $1\frac{2}{3}$

⑦ $1\frac{5}{8}$ (<) $\frac{15}{8}$

⑧ $\frac{17}{12}$ (=) $1\frac{5}{12}$

⑨ $6\frac{2}{7}$ (>) $\frac{25}{7}$

⑩ $\frac{16}{3}$ (>) $4\frac{2}{3}$

⑪ $1\frac{3}{8}$ (>) $\frac{9}{8}$

⑫ $\frac{5}{6}$ (<) $2\frac{2}{6}$

⑬ $3\frac{7}{11}$ (>) $\frac{38}{11}$

⑭ $\frac{9}{2}$ (>) $3\frac{1}{2}$

⑮ $\frac{6}{8}$ (<) $\frac{11}{8}$

⑯ $5\frac{1}{15}$ (>) $3\frac{12}{15}$

⑰ $6\frac{1}{6}$ (<) $\frac{38}{6}$

638 숫자 카드 가분수

● 숫자 카드 중 두 장을 사용하여 가분수를 만들고, 대분수로 고치시오.

(예) 카드: 3, 7, 8

$\frac{7}{3}=2\frac{1}{3}$, $\frac{8}{3}=2\frac{2}{3}$, $\frac{8}{7}=1\frac{1}{7}$

❶ 카드: 4, 7, 9

$\frac{7}{4}=1\frac{3}{4}$, $\frac{9}{4}=2\frac{1}{4}$, $\frac{9}{7}=1\frac{2}{7}$

❷ 카드: 5, 7, 8

$\frac{7}{5}=1\frac{2}{5}$, $\frac{8}{5}=1\frac{3}{5}$, $\frac{8}{7}=1\frac{1}{7}$

❸ 카드: 6, 8, 7

$\frac{7}{6}=1\frac{1}{6}$, $\frac{8}{6}=1\frac{2}{6}$, $\frac{8}{7}=1\frac{1}{7}$

월 일

● 숫자 카드 중 두 장을 사용하여 가분수를 만들고 대분수로 고친 다음, 가장 큰 분수에 ○표 하시오.

(예) 카드: 2, 7, 5

$\frac{5}{2}=2\frac{1}{2}$, ($\frac{7}{2}=3\frac{1}{2}$), $\frac{7}{5}=1\frac{2}{5}$

❶ 카드: 3, 5, 8

$\frac{5}{3}=1\frac{2}{3}$, ($\frac{8}{3}=2\frac{2}{3}$), $\frac{8}{5}=1\frac{3}{5}$

❷ 카드: 4, 5, 9

$\frac{5}{4}=1\frac{1}{4}$, ($\frac{9}{4}=2\frac{1}{4}$), $\frac{9}{5}=1\frac{4}{5}$

❸ 카드: 6, 7, 8

$\frac{7}{6}=1\frac{1}{6}$, ($\frac{8}{6}=1\frac{2}{6}$), $\frac{8}{7}=1\frac{1}{7}$

❹ 카드: 4, 6, 9

$\frac{6}{4}=1\frac{2}{4}$, ($\frac{9}{4}=2\frac{1}{4}$), $\frac{9}{6}=1\frac{3}{6}$

❺ 카드: 3, 8, 7

$\frac{7}{3}=2\frac{1}{3}$, ($\frac{8}{3}=2\frac{2}{3}$), $\frac{8}{7}=1\frac{1}{7}$

639 숫자 카드 대분수

◐ 숫자 카드를 한 번씩 사용하여 대분수를 세 개 만드시오.

카드			
2 3 7	$2\frac{3}{7}$	$3\frac{2}{7}$	$7\frac{2}{3}$
❶ 4 7 6	$4\frac{6}{7}$	$6\frac{4}{7}$	$7\frac{4}{6}$
❷ 9 1 4	$1\frac{4}{9}$	$4\frac{1}{9}$	$9\frac{1}{4}$
❸ 8 3 5	$3\frac{5}{8}$	$5\frac{3}{8}$	$8\frac{3}{5}$
❹ 2 4 5	$2\frac{4}{5}$	$4\frac{2}{5}$	$5\frac{2}{4}$

대분수는 자연수와 진분수로 이루어진 분수입니다. 자연수와 가분수로 이루어진 분수를 만들지 않도록 주의합니다.

월 일

◑ 숫자 카드를 한 번씩 사용하여 만들 수 있는 대분수를 모두 쓰고, 그중 가장 큰 것에 ○표 하시오.

카드			
4 5 7	$4\frac{5}{7}$	$5\frac{4}{7}$	($7\frac{4}{5}$)
❶ 1 6 8	$1\frac{6}{8}$	$6\frac{1}{8}$	($8\frac{1}{6}$)
❷ 2 3 9	$2\frac{3}{9}$	$3\frac{2}{9}$	($9\frac{2}{3}$)
❸ 2 3 4	$2\frac{3}{4}$	$3\frac{2}{4}$	($4\frac{2}{3}$)
❹ 4 5 7	$4\frac{5}{7}$	$5\frac{4}{7}$	($7\frac{4}{5}$)

640 네모 대소

◐ □ 안에 들어갈 수 있는 수에 모두 ○표 하시오.

$\frac{\square}{7} > \frac{6}{7}$

4 5 6 (7) (8)

분모가 같은 분수는 분자가 클수록 큰 수이므로 □ 안에는 6보다 큰 수인 7, 8이 들어갈 수 있습니다.

❶ $\frac{\square}{8} < \frac{11}{8}$

(9) (10) 11 12 13

분모가 같은 분수는 분자가 클수록 큰 수이므로 □ 안에는 11보다 작은 수인 9, 10이 들어갈 수 있습니다.

❷ $\frac{\square}{11} > \frac{15}{11}$

13 14 15 (16) (17)

❸ $\frac{7}{\square} < \frac{7}{5}$

3 4 5 (6) (7)

❹ $\frac{11}{\square} > \frac{11}{8}$

(6) (7) 8 9 10

❺ $\frac{10}{\square} < \frac{10}{9}$

8 9 (10) (11) (12)

❻ $\square\frac{2}{5} > 4\frac{3}{5}$

1 2 3 4 (5)

❼ $\square\frac{5}{6} < 9\frac{5}{6}$

(7) (8) 9 10 11

◑ □ 안에 들어갈 수 있는 수를 모두 쓰시오.

$\frac{8}{7} < \frac{\square}{7} < \frac{12}{7}$

9 10 11

❶ $\frac{13}{8} < \frac{\square}{8} < \frac{17}{8}$

14 15 16

❷ $\frac{18}{14} < \frac{18}{\square} < \frac{18}{10}$

13 12 11

❸ $\frac{11}{7} < \frac{11}{\square} < \frac{11}{3}$

4 5 6

❹ $3\frac{5}{7} < \square\frac{4}{7} < 7\frac{2}{7}$

4 5 6

❺ $7\frac{3}{10} < \square\frac{7}{10} < 9\frac{9}{10}$

7 8 9

❻ $\frac{6}{5} < \square\frac{2}{5} < 4\frac{1}{5}$

1 2 3

❼ $\frac{10}{3} < \square\frac{2}{3} < \frac{18}{3}$

3 4 5

잘 공부했는지 알아봅시다

월 일

1 두 분수의 크기를 비교하여 ○ 안에 >, =, <를 알맞게 써넣으시오.

❶ $\frac{7}{4}$ (=) $1\frac{3}{4}$　❷ $1\frac{3}{5}$ (>) $\frac{7}{5}$　❸ $\frac{11}{6}$ (>) $1\frac{4}{6}$

2 다음 분수 중에서 가장 큰 분수에 ○표, 가장 작은 분수에 △표 하시오.

($\frac{19}{8}$)　$1\frac{7}{8}$　△$\frac{3}{8}$　$2\frac{1}{8}$　$\frac{15}{8}$

3 숫자 카드 중에서 두 장을 사용하여 가장 큰 가분수로 만들고 대분수로 고치시오.

7　4　9　$\frac{9}{4}=2\frac{1}{4}$

7, 4, 9 중 가장 작은 수를 분모에 가장 큰 수를 분자에 놓아 가장 큰 가분수를 만듭니다.

4 □ 안에 들어갈 수 있는 수 중 가장 작은 수를 구하시오.

❶ $\frac{\square}{7} > \frac{6}{7}$　7

분모가 같은 분수는 분자가 클수록 큰 수이므로 □ 안에 들어갈 수 있는 수는 6보다 큰 수 중 가장 작은 수 7입니다.

❷ $\square\frac{2}{7} > 4\frac{3}{7}$　5

분수 부분이 $\frac{2}{7}<\frac{3}{7}$이므로 자연수 부분은 4보다 큰 수가 들어가야 합니다. 그중 가장 작은 수는 5입니다.